भीम

भीम

फतेह गुरु वचन सिंह

Lenin Media

First published in India in 2020 by
Lenin Media Pvt. Ltd.

ISBN: 978-81-949928-1-3

Lenin Media Private Limited
204, 2nd Floor, Durga Complex,
CSC. Mayur Vihar-II, New Delhi 110092
Phone: 9818148113
E-mail: leninmediapublishers@gmail.com
Website: www.leninmedia.com

Printed and Bound in
Delhi

₹ 499/-

प्रस्तावना

पांडु के पाँच में से दूसरे पुत्र का नाम भीम था। ये महान पराक्रमी और गदायुद्ध के पंडित थे। भीम में दस हजार हाथियों का बल था। दुर्योधन की ही तरह भीम ने भी गदा युद्ध की शिक्षा श्री कृष्ण के बड़े भाई बलराम से ली थी।

महाभारत में भीम ने ही दुर्योधन और दुःशासन सहित गांधारी के सौ पुत्रों को मारा था। भीम की पत्नी का नाम हिडिंबा था जिससे भीम के परमवीर पुत्र घटोत्कच का जन्म हुआ था। घटोत्कच ने ही इन्द्र द्वारा कर्ण को दी गई अमोघ शक्ति को अपने ऊपर चलवाकर अर्जुन के प्राणों की रक्षा की थी।

भीम बलशाली होने के साथ-साथ एक अच्छे रसोइया भी थे। विराट नगर में जब अज्ञातवास के समय द्रौपदी सैरंध्री बनकर रह रही थी, द्रौपदी के शील की रक्षा करते हुए उसने कीचक को भी मारा था। श्रीकृष्ण के परम शत्रु मगध नरेश जरासंध को भी भीम ने ही मारा था।

कुरुक्षेत्र के युद्ध में धीरे-धीरे दुर्योधन के सारे योद्धा परलोक सिधार गए। अपने परम शुभचिंतक शकुनि की मृत्यु के बाद दुर्योधन अकेले गदा लेकर रण-क्षेत्र से बाहर पैदल ही निकल गया। वह दूर सरोवर में जाकर छिप गया। उसे छिपते हुए कुछ लोगों ने देख लिया।

श्री कृष्ण ने कहा कि बिना दुर्योधन का वध किए पूरी विजय नहीं मिल सकती। उसी समय गाँव से आने वाले लोगों ने बताया कि उस सरोवर में एक मुकुटधारी व्यक्ति को छिपते हुए हमने देखा है। कृष्ण के कहने पर भीम ने दुर्योधन को अपशब्द कहकर ललकारा। दुर्योधन बाहर आ गया। उसी समय उसके गुरु बलराम उधर से आ निकले। श्री कृष्ण ने दुर्योधन को युद्ध के लिए तैयार हो जाने के लिए कहा। दुर्योधन ने कहा-मैं युद्ध के लिए तैयार हूँ, पर धर्म युद्ध होगा और मेरे गुरु बलराम निरीक्षक होंगे।

इस प्रकार भीम तथा दुर्योधन में गदा युद्ध छिड़ गया। श्री कृष्ण ने अपनी जाँघ पर थपकी मारी जिससे भीम को दुर्योधन की जाँघ तोड़ने की अपनी प्रतिज्ञा

याद आ गई। गदा युद्ध में कमर के नीचे प्रहार नहीं किया जाता। दुर्योधन की जाँघ की हड्डी टूट गई। गिरते ही भीम ने उसके सिर पर प्रहार किया। बलराम इस अन्याय युद्ध को देख क्रोधित होकर भीम को मारने दौड़े, पर कृष्ण ने उन्हें शांत कर दिया। इस प्रकार कौरओं के अंतिम योद्धा की भी मृत्यु हो गई और पांडव विजयी हुए।

प्रस्तुत पुस्तक में भीम के सम्पूर्ण जीवन चरित्र को उजागर किया गया है। पुस्तक की भाषा सरल व सुबोध रखी गई है। पुस्तक के लेखन में कुछ लिखित व अलिखित स्रोतों से मदद ली गई है जिनके लेखकों व प्रकाशकों के प्रति मैं विनम्र आभार प्रकट करता हूँ। आशा है पुस्तक पाठकों के लिए उपयोगी होगी।

—लेखक

अनुक्रम

1

भीम का जन्म

एक बार राजा पाण्डु अपनी दोनों पत्नियों—कुन्ती तथा माद्री के साथ आखेट के लिये वन में गये। वहाँ उन्हें एक मृग का मैथुनरत जोड़ा दृष्टिगत हुआ। पाण्डु ने तत्काल अपने बाण से उस मृग को घायल कर दिया। मरते हुये मृगरूपधारी निर्दोष ऋषि ने पाण्डु को शाप दिया, "राजन! तुम्हारे समान क्रूर पुरुष इस संसार में कोई भी नहीं होगा। तूने मुझे मैथुन के समय बाण मारा है अतः जब कभी भी तू मैथुनरत होगा तेरी मृत्यु हो जायेगी।"

इस शाप से पाण्डु अत्यन्त दुःखी हुये और अपनी रानियों से बोले, "हे देवियों! अब मैं अपनी समस्त वासनाओं का त्याग कर के इस वन में ही रहूँगा तुम लोग हस्तिनापुर लौट जाओ।"

उनके वचनों को सुनकर दोनों रानियों ने दुःखी होकर कहा, "नाथ! हम आपके बिना एक क्षण भी जीवित नहीं रह सकतीं। आप हमें भी वन में अपने साथ रखने की कृपा कीजिये।"

पाण्डु ने उनके अनुरोध को स्वीकार कर के उन्हें वन में अपने साथ रहने की अनुमति दे दी। इसी दौरान राजा पाण्डु ने अमावस्या के दिन बड़े-बड़े ऋषि-मुनियों को ब्रह्मा जी के दर्शनों के लिये जाते हुये देखा। उन्होंने उन ऋषि-मुनियों से स्वयं को साथ ले जाने का आग्रह किया। उनके इस आग्रह पर ऋषि-मुनियों ने कहा, "राजन! कोई भी निःसन्तान पुरुष ब्रह्मलोक जाने का अधिकारी नहीं हो सकता अतः हम आपको अपने साथ ले जाने में असमर्थ हैं।"

ऋषि-मुनियों की बात सुन कर पाण्डु अपनी पत्नी से बोले, "हे कुन्ती! मेरा जन्म लेना ही वृथा हो रहा है क्योंकि सन्तानहीन व्यक्ति पितृ-ऋण, ऋषि-ऋण, देव-ऋण तथा मनुष्य-ऋण से मुक्ति नहीं पा सकता क्या तुम पुत्र प्राप्ति के लिये मेरी सहायता कर सकती हो?"

कुन्ती बोली, "हे आर्यपुत्र! दुर्वासा ऋषि ने मुझे ऐसा मन्त्र प्रदान किया है जिससे मैं किसी भी देवता का आह्वान करके मनोवांछित वस्तु प्राप्त कर सकती हूँ। आप आज्ञा करें मैं किस देवता को बुलाऊँ।"

इस पर पाण्डु ने धर्म को आमन्त्रित करने का आदेश दिया। धर्म ने कुन्ती को पुत्र प्रदान किया जिसका नाम युधिष्ठिर रखा गया।

कालान्तर में पाण्डु ने कुन्ती को पुनः दो बार वायु देव तथा इन्द्रदेव को आमन्त्रित करने की आज्ञा दी। वायुदेव से भीम तथा इन्द्र से अर्जुन की उत्पत्ति हुई। तत्पश्चात् पाण्डु की आज्ञा से कुन्ती ने माद्री को उस मन्त्र की दीक्षा दी। माद्री ने अश्वनीकुमारों को आमन्त्रित किया और नकुल तथा सहदेव का जन्म हुआ।

एक दिन राजा पाण्डु माद्री के साथ वन में सरिता के तट पर भ्रमण कर रहे थे। वातावरण अत्यन्त रमणीक था और शीतल-मन्द-सुगन्धित वायु चल रही थी। सहसा वायु के झोंके से माद्री का वस्त्र उड़ गया। इससे पाण्डु का मन चंचल हो उठा और वे मैथुन में प्रवत्त हुये ही थे कि शापवश उनकी मृत्यु हो गई। माद्री उनके साथ सती हो गईं किन्तु पुत्रों के पालन-पोषण के लिये कुन्ती हस्तिनापुर लौट आईं।

युधिष्ठिर के जन्म होने पर धृतराष्ट्र की पत्नी गान्धारी के हृदय में भी पुत्रवती होने की लालसा जागी। गान्धारी ने वेदव्यास जी से पुत्रवती होने का वरदान प्राप्त कर लिया। गर्भ धारण के पश्चात दो वर्ष व्यतीत हो जाने पर भी जब पुत्र का जन्म नहीं हुआ तो क्षोभवश गान्धारी ने अपने पेट में मुक्का मार कर अपना गर्भ गिरा दिया।

योगबल से वेदव्यास ने इस घटना को तत्काल जान लिया। वे गान्धारी के पास आकर बोले, "गान्धारी! तूने बहुत गलत किया। मेरा दिया हुआ वर कभी मिथ्या नहीं जाता। अब तुम शीघ्र सौ कुण्ड तैयार कर के उनमें घृत भरवा दो।"

गान्धारी ने उनकी आज्ञानुसार सौ कुण्ड बनवा दिये।

वेदव्यास ने गान्धारी के गर्भ से निकले मांसपिण्ड पर अभिमन्त्रित जल छिड़का जिसे उस पिण्ड के अँगूठे के पोरुये के बराबर सौ टुकड़े हो गये। वेदव्यास ने उन टुकड़ों को गान्धारी के बनवाये सौ कुण्डों में रखवा दिया और उन कुण्डों को दो वर्ष पश्चात खोलने का आदेश दे अपने आश्रम चले गये।

दो वर्ष बाद सबसे पहले कुण्ड से दुर्योधन की उत्पत्ति हुई। दुर्योधन के जन्म के दिन ही कुन्ती के पुत्र भीम का भी जन्म हुआ। दुर्योधन जन्म लेते ही गधे की तरह रेंकने लगा।

ज्योतिषियों से इसका लक्षण पूछे जाने पर उन लोगों ने धृतराष्ट्र को बताया, "राजन! आपका यह पुत्र कुल का नाश करने वाला होगा। इसे त्याग देना ही उचित है।" किन्तु पुत्र मोह के कारण धृतराष्ट्र उसका त्याग नहीं कर सके।

फिर उन कुण्डों से धृतराष्ट्र के शेष 99 पुत्र एवं दुरूशला नामक एक कन्या का जन्म हुआ। गान्धारी गर्भ के समय धृतराष्ट्र की सेवा में असमर्थ हो गयी थी अतएव उनकी सेवा के लिये एक दासी रखी गई। धृतराष्ट्र के सहवास से उस दासी का भी युयुत्स नामक एक पुत्र हुआ। युवा होने पर सभी राजकुमारों का विवाह यथायोग्य कन्याओं से कर दिया गया। दुरूशला का विवाह जयद्रथ के साथ हुआ।

दुर्योधन द्वारा भीम को विष देना

हस्तिनापुर में आने के बाद पाण्डवों को वैदिक संस्कार सम्पन्न हुए। पाण्डव तथा कौरव साथ ही खेलने लगे। दौड़ने में, निशाना लगाने तथा कुश्ती आदि सभी खेलों में भीम सभी धृतराष्ट्र पुत्रों को हरा देते थे। पाँचों पाण्डव - युधिष्ठिर, भीम, अर्जुन, नकुल और सहदेव - पितामह भीष्म तथा विदुर की छत्रछाया में बड़े होने लगे। उन पाँचों में भीम सर्वाधिक शक्तिशाली थे। वे दस-बीस बालकों को सहज में ही गिरा देते थे। दुर्योधन धृतराष्ट्र का सबसे बड़ा पुत्र होने के कारण अपने आपको ही राज्य का उत्तराधिकारी समझता था। वह पांडवों से ईर्ष्या रखता था तथा भीम के इस बल को देखकर उससे बहुत अधिक जलता था। वह भीमसेन को किसी प्रकार मार डालने का उपाय सोचने लगा। इसके लिये उसने एक दिन युधिष्ठिर के समक्ष गंगा तट पर स्नान, भोजन तथा क्रीड़ा करने का प्रस्ताव रखा जिसे युधिष्ठिर ने सहर्ष स्वीकार कर लिया।

गंगा के तट पर दुर्योधन ने विविध प्रकार के व्यंजन तैयार करवाये। स्नानादि के पश्चात् जब सभी ने भोजन किया तो अवसर पाकर दुर्योधन ने भीम को विषयुक्त भोजन खिला दिया। भोजन के पश्चात् सब बालक वहीं सो गये। भीम को विष के प्रभाव से मूर्छा आ गई। मूर्छित हुये भीम को दुर्योधन ने गंगा में डुबा दिया। मूर्छित अवस्था में ही भीम डूबते-उतराते नागलोक में पहुँच गये। वहाँ पर उन्हें भयंकर विषधर नाग डसने लगे तथा विषधरों के विष के प्रभाव से भीम के शरीर के भीतर का विष नष्ट हो गया और वे सचेतावस्था में आ गये। चेतना लौट

आने पर उन्होंने नागों को मारना आरम्भ कर दिया और एक के पश्चात् एक नाग मरने लगे। भीम के इस विनाश लीला को देख कर कुछ नाग भागकर अपने राजा वासुकि के पास पहुँचे और उन्हें समस्त घटना से अवगत कराया। नागराज वासुकि अपने मन्त्री आर्यक के साथ भीम के पास आये। आर्यक नाग ने भीम को पहचान लिया और उनका परिचय राजा वासुकि को दिया। वासुकि नाग ने भीम को अपना अतिथि बना लिया।

नागलोक में आठ ऐसे कुण्ड थे जिनके जल को पीने से मनुष्य के शरीर में हजारों हाथियों का बल प्राप्त हो जाता था। नागराज वासुकि ने भीम को उपहार में उन आठों कुण्डों का जल पिला दिया। कुण्डों के जल पी लेने के बाद भीम गहन निद्रा में चले गये। आठवें दिन जब उनकी निद्रा टूटी तो उनके शरीर में हजारों हाथियों का बल आ चुका था। भीम के विदा माँगने पर नागराज वासुकी ने उन्हें उनकी वाटिका में पहुँचा दिया। उधर सो कर उठने के बाद जब पाण्डवों ने भीम को नहीं देखा तो उनकी खोज करने लगे और उनके न मिलने पर राजमहल में लौट गये।

भीम के इस प्रकार गायब होने से माता कुन्ती अत्यन्त व्याकुल हुईं। वे विदुर से बोलीं, "हे आर्य! दुर्योधन मेरे पुत्रों से और विशेषतः भीम से अत्यन्त ईर्ष्या करता है।

कहीं ऐसा तो नहीं है कि उसने भीम को मृत्युलोक में पहुँचा दिया?"

उत्तर में विदुर ने कहा, "हे देवि! आप चिन्तित मत होइये। भीम की जन्मकुण्डली के अनुसार वह दीर्घायु है तथा उसे अल्पायु में कोई भी नहीं मार सकता। वह अवश्य लौट कर आयेगा।" इस प्रकार हजारों हाथियों का बल प्राप्त कर के भीम लौट आये।

कुल गुरु कृपाचार्य

भीम की शिक्षा अन्य पाण्डव और कौरव राजकुमारों के साथ कुल गुरु कृपाचार्य के गुरुकुल में आरम्भ हुई। कुल गुरु कृपाचार्य बहुत ही प्रतापी एवं तेज बुद्धि के थे। उनके जन्म की यह घटना उनके तेज का बखान करती है।गौतम ऋषि के पुत्र का नाम शरद्वान था। उनका जन्म बाणों के साथ हुआ था। उन्हें वेदाभ्यास में जरा भी रुचि नहीं थी और धनुर्विद्या से उन्हें अत्यधिक लगाव था। वे धनुर्विद्या में इतने निपुण हो गये कि देवराज इन्द्र उनसे भयभीत रहने लगे। इन्द्र ने उन्हें साधना से डिगाने के लिये नामपदी नामक एक देवकन्या को उनके पास भेज दिया।

उस देवकन्या के सौन्दर्य के प्रभाव से शरद्वान इतने कामपीड़ित हुये कि उनका वीर्य स्खलित हो कर एक सरकंडे पर आ गिरा। वह सरकंडा दो भागों में विभक्त हो गया जिसमें से एक भाग से कृप नामक बालक उत्पन्न हुआ और दूसरे भाग से कृपी नामक कन्या उत्पन्न हुई। कृप भी धनुर्विद्या में अपने पिता के समान ही पारंगत हुये। वे कृपाचार्य के नाम से विख्यात हुये।

गुरु द्रोणाचार्य

द्रोणाचार्य ज्ञानी होने के साथ-साथ एक महान धनुर्धर भी थे। अन्य पाण्डवों की तरह भीम को भी उनसे शिक्षा प्राप्त करने का सुअसर मिला। उनके सानिध्य में भीम एक कुशल योद्धा बन कर उभरे। आइए गुरु द्रोणाचार्य पांडवों के गुरु कैसे बने इस बारे में विस्तार से जानते हैं।

एक बार भरद्वाज मुनि यज्ञ कर रहे थे। एक दिन वे गंगा नदी में स्नान कर रहे थे। वहाँ पर उन्होंने घृताचीं नामक एक अप्सरा को गंगा स्नान कर निकलते हुये देख लिया। उस अप्सरा को देख कर उनके मन में काम वासना जागृत हुई और उनका वीर्य स्खलित हो गया जिसे उन्होंने एक यज्ञ पात्र में रख दिया। कालान्तर में उसी यज्ञ पात्र से द्रोण की उत्पत्ति हुई। द्रोण अपने पिता के आश्रम में ही रहते हुये चारों वेदों तथा अस्त्र-शस्त्रों के ज्ञान में पारंगत हो गये। द्रोण के साथ प्रषत् नामक राजा के पुत्र द्रुपद भी शिक्षा प्राप्त कर रहे थे तथा दोनों में प्रगाढ़ मैत्री हो गई।

उन्हीं दिनों परशुराम अपनी समस्त सम्पत्ति को ब्राह्मणों में दान कर के महेन्द्राचल पर्वत पर तप कर रहे थे। एक बार द्रोण उनके पास पहुँचे और उनसे दान देने का अनुरोध किया। इस पर परशुराम बोले, "वत्स! तुम विलम्ब से आये हो, मैंने तो अपना सब कुछ पहले से ही ब्राह्मणों को दान में दे डाला है। अब मेरे पास केवल अस्त्र-शस्त्र ही शेष बचे हैं। तुम चाहो तो उन्हें दान में ले सकते हो।"

द्रोण यही तो चाहते थे अतः उन्होंने कहा, "हे गुरुदेव! आपके अस्त्र-शस्त्र प्राप्त कर के मुझे अत्यधिक प्रसन्नता होगी, किन्तु आप को मुझे इन अस्त्र-शस्त्रों की शिक्षा-दीक्षा देनी होगी तथा विधि-विधान भी बताना होगा।" इस प्रकार परशुराम के शिष्य बन कर द्रोण अस्त्र-शस्त्रादि सहित समस्त विद्याओं के अभूतपूर्व ज्ञाता हो गये।

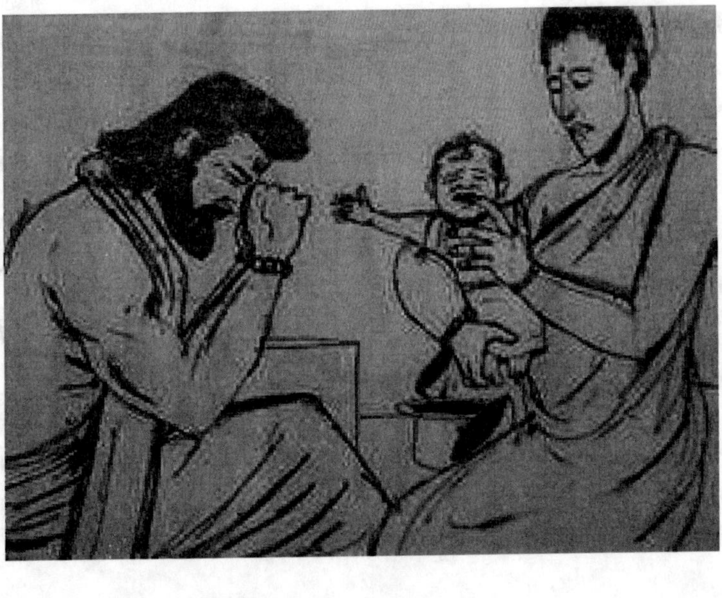

शिक्षा प्राप्त करने के पश्चात द्रोण का विवाह कृपाचार्य की बहन कृपी के साथ हो गया। कृपी से उनका एक पुत्र हुआ। उनके उस पुत्र के मुख से जन्म के समय अश्व की ध्वनि निकली इसलिये उसका नाम अश्वत्थामा रखा गया।

किसी प्रकार का राजाश्रय प्राप्त न होने के कारण द्रोण अपनी पत्नी कृपी तथा पुत्र अश्वत्थामा के साथ निर्धनता के साथ रह रहे थे।

एक दिन उनका पुत्र अश्वत्थामा दूध पीने के लिये मचल उठा किन्तु अपनी निर्धनता के कारण द्रोण पुत्र के लिये गाय के दूध की व्यवस्था न कर सके। अकस्मात् उन्हें अपने बाल्यकाल के मित्र राजा द्रुपद का स्मरण हो आया जो कि पांचाल देश के नरेश बन चुके थे।

द्रोण ने द्रुपद के पास जाकर कहा, "मित्र! मैं तुम्हारा सहपाठी रह चुका हूँ।

मुझे दूध के लिये एक गाय की आवश्यकता है और तुमसे सहायता प्राप्त करने की अभिलाषा ले कर मैं तुम्हारे पास आया हूँ।"

इस पर द्रुपद अपनी पुरानी मित्रता को भूलकर तथा स्वयं के नरेश होने के अहंकार के वश में आकर द्रोण पर बिगड़ उठे और कहा, "तुम्हें मुझको अपना मित्र बताते हुये लज्जा नहीं आती? मित्रता केवल समान वर्ग के लोगों में होती है, तुम जैसे निर्धन और मुझ जैसे राजा में नहीं।"

अपमानित होकर द्रोण वहाँ से लौट आये और कृपाचार्य के घर गुप्त रूप से रहने लगे। एक दिन युधिष्ठिर आदि राजकुमार जब गेंद खेल रहे थे तो उनकी गेंद एक कुएँ में जा गिरी। उधर से गुजरते हुये द्रोण से राजकुमारों ने गेंद को कुएँ से निकालने के लिये सहायता माँगी।

द्रोण ने कहा, "यदि तुम लोग मेरे तथा मेरे परिवार के लिये भोजन का प्रबन्ध करो तो मैं तुम्हारा गेंद निकाल दूँगा।"

युधिष्ठिर बोले, "देव! यदि हमारे पितामह की अनुमति होगी तो आप सदा के लिये भोजन पा सकेंगे।"

द्रोणाचार्य ने तत्काल एक मुट्ठी सींक लेकर उसे मन्त्र से अभिमन्त्रित किया और एक सींक से गेंद को छेदा। फिर दूसरे सींक से गेंद में फँसे सींक को छेदा। इस प्रकार सींक से सींक को छेदते हुये गेंद को कुएँ से निकाल दिया।

इस अद्भुत प्रयोग के विषय में तथा द्रोण के समस्त विषयों मे प्रकाण्ड पण्डित होने के विषय में ज्ञात होने पर भीष्म पितामह ने उन्हें राजकुमारों के उच्च शिक्षा के नियुक्त कर राजाश्रय में ले लिया और वे द्रोणाचार्य के नाम से विख्यात हुये।

2

तुण्डिका देवी से भीम का युद्ध

लाक्षागृह दाह से पाँचों पाण्डव और कुन्ती माता महामन्त्र के प्रभाव से बचकर निकल गये। मार्ग में आगे चलते-चलते गंगा नदी मिली। उसे पार करने के लिये नाव में ये छहों लोग बैठ गये और धीवर (मल्लाह) जल्दी-जल्दी नाव चलाने लगा। चंचल तरंगों से वह नौका अच्छी तरह चल रही थी कि अचानक गंगा नदी के बीचों-बीच में जाकर स्थिर हो गई और अनेकों उपायों से चलाई जाने पर भी नाव नहीं चल सकी। तब पाण्डवों ने उस मल्लाह से इसका कारण पूछा। उसने बताया कि—"हे स्वामिन! इस नदी में हमेशा रहने वाली एक तुण्डिका नाम की देवी है। वह अपना हक चाहती है।" तब युधिष्ठिर ने कहा—"हे धीवर! यहाँ तो हमारे पास नैवेद्य आदि कुछ भी नहीं है। हम नदी पार पहुँचकर व्यवस्था करके देवी को सन्तुष्ट कर देंगे।"

मल्लाह बोला— "राजन! यह देवी उत्तम-उत्तम पकवानों से या खीर पूरी आदि से तृप्त नहीं होती है। यह देवी मनुष्य की बलि लेती है, तब तृप्त होती है। बलि लिये बगैर यह नौका आगे नहीं जाने देगी, प्रत्युत् नदी में डुबा देगी।" उस समय सभी पाण्डव विचार करने लगे कि देखो! कुएँ से बचे तो खाई में पड़ गये। अरे! कहाँ तो हम लाख के घर में जलने से बचकर निकल आये· पुनः यहाँ नदी में मरण आ गया। अरे-अरे! कर्मों की गति बड़ी विचित्र है। जैसे कोई समुद्र का पानी लांघकर छोटे से गड्ढे में डूब जाये और मर जाये, वैसे ही हमारी दशा हो रही है। बड़े-बड़े संकटों से तो बच गये हैं और यहाँ छोटे से संकट में फंस गये हैं। यह सब सोचते हुए युधिष्ठिर ने भीम से कहा—"भाई! कुछ उपाय सोचो।" भीम ने कुछ सोचकर कहा

कि–"भाई! यह धीवर जरा से जर्जरित है और दरिद्र भी है। इसे ही तुंडिका की बलि देकर हम लोग नदी पार करेंगे।" यह वचन सुनते ही बेचारा धीवर काँपने लगा और बोला–"महाराज! यदि आप मुझे बलि दे देंगे तो फिर आगे कभी भी मल्लाह आप जैसे राजाओं को उस पार नहीं पहुँचायेगा। आपकी निंदा विश्व में फैल जायेगी कि आप कितने कृतघ्नी निकले।" धीवर की बात सुनते ही दयालुमना युधिष्ठिर ने कहा–"भाई! ऐसी तुच्छ बात मत सोचो किन्तु बढ़िया उपाय सोचो।" पुनः भीम हँसकर बोले–"हे भ्रातः! इस देवी के लिए इन छोटे भाई नकुल और सहदेव में से किसी एक की बलि करके नदी पार करना ठीक है, सभी को नदी में डुबाना ठीक नहीं है।" तब युधिष्ठिर ने पुनः भीम को समझाया कि मेरे द्वारा ही ये मेरे भाई कैसे मारे जा सकते हैं? फिर भीम ने कहा-तब तो अर्जुन को बलि कर दो। युधिष्ठिर ने पुनः कहा–"भाई! क्या युद्ध कुशल अर्जुन के बिना अपना राज्य वापस मिलना सम्भव है? कदापि नहीं। इसलिये ऐसा विचार स्वप्न में भी मत करो।" तब भीम ने फिर हँसकर कहा कि–"आप किसी भाई का मरण नहीं चाहते हो तो इस माता कुन्ती को ही देवी की भेंट में चढ़ा दो।" तब युधिष्ठिर ने कहा कि–"भाई! जिसने हम लोगों को नव माह गर्भ में धारण करके जन्म दिया, लालन-पालन किया ऐसी यह माता हमारे लिये हमेशा पूज्य है, क्योंकि कहा गया है–

जननीयं जगन्मान्या कथं हिंस्या हितार्थिभिः।
यतस्तु जगति ख्यातैर्माता तीर्थं प्रकथ्यते ॥

अरे! जननी जगत मान्य होती है। हितार्थी लोग भला उसी की हिंसा करेंगे। क्योंकि जगत् में प्रसिद्ध पुरुषों ने तो माता को तीर्थ कहा है। हे भीम! तू न्याय में चतुर होकर ऐसे वचन कैसे बोल रहा है?" इस प्रकार भीम के विनोद के अनन्तर विचारशील महामना युधिष्ठिर स्वयं देवी की बलि जाने के लिये तैयार हुए और सभी भाईयों को हित का उपदेश देकर माता की सेवा करने का आदेश दिया। पुनः वे गीले वस्त्र से स्नान कर पवित्रमना होकर राग-द्वेष का त्याग करके ध्यान में निश्चल हो गये। अपनी आत्मा को इस नश्वर शरीर से भिन्न समझते हुए सभी भाईयों को क्षमा करके और उनसे क्षमा कराके नियम सल्लेखना ले ली कि यदि मैं इस जल के उपसर्ग से बचूँगा तो पुनः आहार ग्रहण करूँगा अन्यथा चतुराहार का मेरे लिये त्याग है। ज्योंही वे माता की वन्दना करके नदी में कूदने के लिये उद्यत हुए कि भीम, अर्जुन आदि सभी भाई एकदम रोने लगे। माता कुन्ती तो बेहोश हो गईं। जब कुन्ती सचेत हुईं तो महा करुण-क्रन्दन करने लगीं। अनन्तर वह स्वयं नदी में कूदना चाहती थीं कि इतने में भय रहित होते हुए भीम बोले कि–"हे स्वामिन! आप स्थिर होकर

धर्मपूर्वक कुरूवंश का राज्य करें और मुझे मरने की आज्ञा दें। मैं शीघ्र ही इस नरभक्षी तुंडिका को प्रसन्न करूँगा।" ऐसा कहते हुए भीम धड़ाम से नदी में कूद पड़े। नदी में गिरे हुए भीम को देखकर तुंडिका मगर का आकार धारण करके सामने दौड़कर आ गई। महाशक्तिशाली भीम उस समय नदी में ही उस मगर से लड़ने लगे। क्रोधित हुए भीम और मगर ने बहुत देर तक पैरों के आघात आदि से युद्ध किया पुनः भीम ने उस मगर को पकड़कर उसके सौ टुकड़े कर दिये तब वह तुंडिका देवी बहुत ही क्रुद्ध होती हुई पुनः भयंकर मगर के रूप में आकर भीम को समूचा ही निगल गई। क्रुद्ध भीम ने अपने हाथ से उसका पेट फाड़कर उसकी पीठ की हड्डी को उखाड़कर उसे खूब मारा। उत्तम कांति के धारक भीम ने उस तुंडिका को विह्वल कर डाला। तब वह बेचारी घबराकर अन्यत्र भाग गई। इस प्रकार भीम स्वयं अपनी भुजाओं से गंगा नदी को पार कर किनारे आ गये।

यहाँ भीम जो मनुष्य थे देवों से युद्ध करके उन्हें पछाड़ दिया इसलिए भीम की शक्ति की प्रशंसा आज भी होती रहती है। इस घटना के समय भीम के नदी में कूदते ही नौका चल पड़ी किन्तु वे युधिष्ठिर आदि भीम के शोक से अत्यन्त विलाप करते हुए रो रहे थे। रोते-रोते वे चारों भाई और माता कुन्ती नदी के किनारे आकर उतर गये और बार-बार पीछे देखते हुए चल रहे थे मानों वे भीम की प्रतीक्षा ही कर रहे हों। इतने में ही महापराक्रमी महापुण्यशाली भीम आ गये और उन्होंने विनय से माता के चरणों का वन्दन करके भाई युधिष्ठिर को भी प्रणाम किया।

उस समय उन लोगों के हर्ष का ठिकाना नहीं रहा। उस समय वे सब भीम को गले से लगाकर रोमांचित हो गये और काल के गाल से बचकर तुंडिका को पराजित करके आये हुए भाई की भूरि-भूरि प्रशंसा की।

3

हिडिंब वध, हिडिंबा का विवाह व घटोत्कच का जन्म

दुर्योधन दिन-रात इसी चिंता में रहता कि किसी प्रकार पांडवों का नाश करके हस्तिनापुर पर राज्य कर सके। कौरवों-पांडवों में युधिष्ठिर सबसे बड़े थे तथा इसीलिए सिंहासन के उत्तराधिकारी समझे जाते थे। पर दुर्योधन सोचता था कि उसके पिता ज्येष्ठ होने पर भी जन्मांध होने के कारण गद्दी न पा सके तो इससे उत्तराधिकारी का नियम तो नहीं बदल जाता। धृतराष्ट्र का बड़ा पुत्र होने के कारण मैं ही गद्दी का अधिकारी हूँ। शकुनि, कर्ण, दुरूशासन, आदि दुर्योधन के साथ थे। दुर्योधन ने पांडवों की बुराई करके धृतराष्ट्र को भी अपने पक्ष में कर लिया तथा पिता से पांडवों को वरणावर्त के मेले में भेजने को कहा। दुर्योधन एक योजना बनाकर पांडवों का नाश करना चाहता था। धृतराष्ट्र की आज्ञा से पांडव वरणावर्त चले गए। उनके जाते समय विदुर ने युधिष्ठिर को सावधान कर दिया तथा अगले संदेश की प्रतीक्षा करने को कहा। दुर्योधन ने पुरोचन नाम के एक मंत्री से मिलकर वरणावर्त में लाख के एक महल में पांडवों को जलाकर मार डालने की योजना बना ली थी। लाख का वह महल ऐसा बनवाया गया था जो आग के स्पर्श से ही पूरी तरह जल उठे तथा पांडव जल मरें।

जैसे ही पांडव वरणावर्त में बने लाख महल में जाने को तैयार हुए विदुर ने उन्हें एक संदेश भेजकर दुर्योधन की सारी योजना से सावधान करा दिया। एक

कारीगर ने महल से बाहर निकलने के लिए सुरंग बना दी। पांडव महल के भीतर नहीं, इसी सुरंग में सोया करते थे, जिससे कि महल में आग लगने पर जल्दी ही बाहर निकल सकें। कृष्ण चतुर्दशी के दिन युधिष्ठिर को पुरोचन के रंग-ढंग से अहसास हो गया कि महल में आज रात को ही आग लगाई जाएगी।

युधिष्ठिर ने अपने भाइयों को सचेत कर दिया। पांडवों ने उस दिन यज्ञ किया था, जिसमें नगरवासियों के साथ एक भीलनी ने भी अपने पाँच पुत्रों के साथ भोजन किया था। भोजन के बाद वह भीलनी महल में ही सो गई। पुरोचन महल के बाहरी कमरे में सो रहा था। भीम ने रात को महल में आग लगा लगा दी तथा माता कुंती को लेकर सुरंग से बाहर आ गए। पुरोचन तथा अपने पुत्रों के साथ भीलनी जल मरी। हस्तिनापुर में शोक छा गया, पर विदुर को विश्वास था कि पांडव अवश्य ही बच निकले होंगे। लाक्षागृह से निकलकर पांडव दुर्गम वन पार करते हुए गंगा तट पहुँचे, जहाँ उन्हें विदुर का भेजा एक आदमी नाव के साथ मिला, पांडव उसी नाव में रवे गंगा पार हो गए।

कई कोस चलने के कारण भीमसेन को छोड़ कर शेष लोग थकान से बेहाल हो गये और एक वट वृक्ष के नीचे लेट गये। माता कुन्ती प्यास से व्याकुल थीं इसलिये भीमसेन किसी जलाशय या सरोवर की खोज में चले गये। एक जलाशय दृष्टिगत होने पर उन्होंने पहले स्वयं जल पिया और माता तथा भाइयों को जल पिलाने के लिये लौट कर उनके पास आये। वे सभी थकान के कारण गहरी निद्रा में निमग्न हो चुके थे अतः भीम वहाँ पर पहरा देने लगे।

उस वन में हिडिंब नाम का एक भयानक राक्षस था, जो अपनी बहन हिडिंबा के साथ रहता था। उसकी बहन हिडिंबा काली माता की भक्त थी । मानवों की गंध मिलने पर उसने पाण्डवों को पकड़ लाने के लिये अपनी बहन हिडिंबा को भेजा ताकि वह उन्हें अपना आहार बना कर अपनी क्षुधा पूर्ति कर सके। वहाँ पर पहुँचने पर हिडिंबा ने भीमसेन को पहरा देते हुये देखा और उनके सुन्दर मुखारविन्द तथा बलिष्ठ शरीर को देख कर उन पर आसक्त हो गई।

उसने अपनी राक्षसी माया से एक अपूर्व लावण्मयी सुन्दरी का रूप बना लिया और भीमसेन के पास जा पहुँची। भीमसेन ने उससे पूछा, "हे सुन्दरी! तुम कौन हो और रात्रि में इस भयानक वन में अकेली क्यों घूम रही हो?"

भीम के प्रश्न के उत्तर में हिडिंबा ने कहा, "हे नरश्रेष्ठ! मैं हिडिंबा नाम की राक्षसी हूँ। मेरे भाई ने मुझे आप लोगों को पकड़ कर लाने के लिये भेजा है किन्तु मेरा हृदय आप पर आसक्त हो गया है तथा मैं आपको अपने पति के रूप में प्राप्त

करना चाहती हूँ। मेरा भाई हिडिम्ब बहुत दुष्ट और क्रूर है किन्तु मैं इतना सामर्थ्य रखती हूँ कि आपको उसके चंगुल से बचा कर सुरक्षित स्थान तक पहुँचा सकूँ।"

इधर अपनी बहन को लौट कर आने में विलम्ब होता देख कर हिडिम्ब उस स्थान पर जा पहुँचा जहाँ पर हिडिंबा भीमसेन से वार्तालाप कर रही थी। हिडिंबा को भीमसेन के साथ प्रेमालाप करते देखकर वह क्रोधित हो उठा और हिडिंबा को दण्ड देने के लिये उसकी ओर झपटा। यह देख कर भीम ने उसे रोकते हुये कहा, "रे दुष्ट राक्षस! तुझे स्त्री पर हाथ उठाते लज्जा नहीं आती? यदि तू इतना ही वीर और पराक्रमी है तो मुझसे युद्ध कर।" इतना कह कर भीमसेन ताल ठोंक कर उसके साथ मल्ल युद्ध करने लगे। कुंती तथा अन्य पाण्डव की भी नींद खुल गई। वहाँ पर भीम को एक राक्षस के साथ युद्ध करते तथा एक रूपवती कन्या को खड़ी देख कर कुन्ती ने पूछा, "पुत्री! तुम कौन हो?" हिडिंबा ने सारी बातें उन्हें बता दी।

अर्जुन ने हिडिम्ब को मारने के लिये अपना धनुष उठा लिया किन्तु भीम ने उन्हें बाण छोड़ने से मना करते हुये कहा, "अनुज! तुम बाण मत छोड़ो, यह मेरा शिकार है और मेरे ही हाथों मरेगा।" इतना कह कर भीम ने हिडिम्ब को दोनों हाथों से पकड़ कर उठा लिया और उसे हवा में अनेक बार घुमा कर इतनी तीव्रता के साथ भूमि पर पटका कि उसके प्राण-पखेरू उड़ गये।

हिडिम्ब के मरने पर वे लोग वहाँ से प्रस्थान की तैयारी करने लगे, इस पर हिडिंबा ने कुन्ती के चरणों में गिर कर प्रार्थना करने लगी, "हे माता! मैंने आपके पुत्र भीम को अपने पति के रूप में स्वीकार कर लिया है। आप लोग मुझे कृपा करके स्वीकार कर लीजिये। यदि आप लोगों ने मझे स्वीकार नहीं किया तो मैं इसी क्षण अपने प्राणों का त्याग कर दूँगी।" हिडिंबा के हृदय में भीम के प्रति प्रबल प्रेम की भावना देख कर युधिष्ठिर बोले, "हिडिंबे! मैं तुम्हें अपने भाई को सौंपता हूँ किन्तु यह केवल दिन में तुम्हारे साथ रहा करेगा और रात्रि को हम लोगों के साथ रहा करेगा।" हिडिंबा इसके लिये तैयार हो गई। जंगल में ही कुंती की आज्ञा से हिडिंबा एवं भीम दोनों का विवाह हुआ। हिडिंबा भीमसेन के साथ आनन्दपूर्वक जीवन व्यतीत करने लगी। एक वर्ष व्यतीत होने पर हिडिंबा का पुत्र उत्पन्न हुआ। उत्पन्न होते समय उसके सिर पर केश (उत्कच) न होने के कारण उसका नाम घटोत्कच रखा गया। वह अत्यन्त मायावी निकला और जन्म लेते ही बड़ा हो गया।

हिडिंबा ने अपने पुत्र को पाण्डवों के पास ले जा कर कहा, "यह आपके भाई की सन्तान है अतः यह आप लोगों की सेवा में रहेगा।" इतना कह कर हिडिंबा वहाँ से चली गई। घटोत्कच श्रद्धा से पाण्डवों तथा माता कुन्ती के चरणों में प्रणाम कर के बोला, "अब मुझे मेरे योग्य सेवा बतायें।" उसकी बात सुन कर कुन्ती बोली, "तू

मेरे वंश का सबसे बड़ा पौत्र है। समय आने पर तुम्हारी सेवा अवश्य ली जायेगी।" इस पर घटोत्कच ने कहा, "आप लोग जब भी मुझे स्मरण करेंगे, मैं आप लोगों की सेवा में उपस्थित हो जाऊँगा।" इतना कह कर घटोत्कच वर्तमान उत्तराखंड की ओर चला गया।

4

बकासुर का वध

वन-मार्ग पर चलते-चलते एक दिन पांडवों की भेंट महर्षि व्यास से हुई। महर्षि व्यास ने पांडवों को ढाँढस बँधाया तथा उन्हीं की सलाह पर पांडव ब्राह्मणों का वेश धारण कर एकचक्रा नामक नगरी में एक ब्राह्मण के घर रहने लगे। पाँचों भाई भिक्षा माँगकर लाते तथा उसी को बाँटकर अपना पेट भरते।

उस नगरी के पास बकासुर नामक एक असुर रहता था। एकचक्रा नगरी का शासक दुर्बल था, अतः वहां बकासुर का आतंक छा गया था। बकासुर शत्रुओं तथा हिंसक प्राणियों से नगरी की सुरक्षा करता था तथा फलस्वरूप नगरवासियों ने यह नियत कर दिया था कि वहां के निवासी गृहस्थ बारी-बारी से उसके एक दिन के भोजन का प्रबंध करेंगे।

बकासुर नरभक्षी था। उसको प्रतिदिन बीस खारी अगहनी के चावल, दो भैंसे तथा एक मनुष्य की आवश्यकता होती थी।

एक दिन भीम घर पर रह गए। उस दिन पांडवों के आश्रयदाता ब्राह्मण की बारी थी। उसके परिवार में पति-पत्नी, एक पुत्र तथा एक पुत्री थे। वे लोग निश्चय नहीं कर पा रहे थे कि किसको बकासुर के पास भेजा जाय। तभी कुंती ने अपने आश्रयदाता ब्राह्मण के घर रोने की आवाज सुनी। पूछने पर पता चला कि बकासुर नाम का एक राक्षस नगर के पास ही गुफा में रहता है, जो लोगों को जहाँ भी देखता, मारकर खा जाता था। नगरवासियों ने उससे तंग आकर एक समझौता कर लिया कि हर सप्ताह उसकी गुफा में गाड़ी भरकर मांस, मदिरा, पकवान आदि भेज

दिया जाएगा तथा गाड़ीवान भी उसी खुराक में शामिल होगा। उस दिन गाड़ीवान के रूप में उस ब्राह्मण को जाना था। वहाँ पहुँचकर वह कभी जिंदा वापस नहीं आ सकेगा, इसीलिए घर के सभी लोग रो रहे हैं। कुंती ने ब्राह्मण को धीरज बँधाया तथा कहा कि उसकी जगह मेरा पुत्र भीम चला जाएगा तथा बकासुर उसका कुछ भी नहीं बिगाड़ सकेगा।

कुंती के कहने पर ब्राह्मण के स्थान पर खाद्य सामग्री लेकर भीम सेन बकासुर के पास गए। पहले तो वह बकासुर को चिढ़ाकर उसके लिए आयी हुई खाद्य सामग्री

खाते रहे, फिर उससे द्वंद्व युद्ध कर भीम ने उसे मार डाला। भीमसेन ने उसके परिवारजनों से कहा कि वे लोग नर-मांस का परित्याग कर देंगे तो भीम उनको नहीं मारेगे। उन्होंने स्वीकार कर लिया।

पांडवों ने उस ब्राह्मण से प्रतिज्ञा ले ली कि वह किसी पर यह प्रकट नहीं होने देगा कि बकासुर को भीमसेन ने मारा है। बकासुर के मारे जाने की खबर सुनते ही नगरवासी खुशी से झूम उठे।

5

द्रौपदी के प्रति अनुराग

पुर्व जन्म के वरदान के कारण दौपदी का विवाह न केवल भीम से हुआ बल्कि पाँचों पांडवों से हुआ। दौपदी स्वयंवर में पांडवों के पहुँचने वर स्वयंवर जीतने की कथा कुछ इस तरह की थी–

एकचक्रा नगरी में रहते हुए पांडवों ने पांचाल देश के राजा यज्ञसेन (इनका नाम द्रुपद भी था) की पुत्री द्रौपदी के स्वयंवर का समाचार सुना। तभी वहाँ वेदव्यास जी भी आ गए। वेदव्यास बोले , "मैं महाराज द्रुपद की नगरी पांचाल से आ रहा हूँ। वहाँ पर द्रुपद की कन्या द्रौपदी के स्वयंवर के लिये अनेक देशों के राजा-महाराजा पधारे हुये हैं। तुम लोग पांचाल चले जाओ। वहाँ द्रुपद कन्या पांचाली का स्वयंवर होने जा रहा है। वह कन्या तुम लोगों के सर्वथा योग्य है। शिव जी ने उसे अगले जन्म में पाँच उत्तम पति प्राप्त होने का वरदान दिया था। वह देविस्वरूपा बालिका सब भाँति से तुम लोगों के योग्य ही है। तुम लोग वहाँ जा कर उसे प्राप्त करो।"

उनकी सलाह पर माता कुंती को साथ लेकर पांडव स्वयंवर देखने चल पड़े। पांचाल देश की यात्रा करते-करते पाण्डव रात्रि के समय श्रायण तीर्थ में पहुँचे। वहाँ पर गन्धर्वराज चित्ररथ अपनी स्त्रियों के साथ विहार कर रहे थे। पाण्डवों को आते देख चित्ररथ ने दूर ही से कहा, "सावधान! इस समय यहाँ पर किसी का भी प्रवेश वर्जित है क्योंकि रात्रि के समय जल पर पूर्ण रूप से गन्धर्वों का अधिकार होता है। तुम लोग प्रातःकाल होने के पश्चात् ही यहाँ प्रवेश कर सकते हो।"

चित्ररथ के वचनों को सुन कर अर्जुन क्रोधित होकर बोले, "अरे मूर्ख! नदी, पहाड़, समुद्र पर किसी का भी कोई अधिकार नहीं होता। फिर गंगा तो सबकी माता है, इन पर तो किसी का अधिकार हो ही नहीं सकता।"

अर्जुन के ऐसा कहने पर चित्ररथ ने अर्जुन पर विषैले बाणों की बौछार करना आरम्भ कर दिया। उन विषैले बाणों का जवाब अर्जुन ने आग्नेय बाणों से दिया और चित्ररथ उनके बाणों के लगने से घायल होकर भूमि पर गिर पड़े। तत्काल अर्जुन उसके बालों को पकड़ कर उसे घसीटते हुये युधिष्ठिर के पास ले गये। चित्ररथ की दुर्दशा देख कर कुम्भानसी नामक उसकी पत्नी विलाप करती हुई युधिष्ठिर के पास पहुँची और अपने पति के प्राणों की भिक्षा माँगने लगी। स्त्री की प्रार्थना से द्रवित हो कर युधिष्ठिर ने चित्ररथ को क्षमादान करते हुये मुक्त कर दिया।

कान्तिहीन चित्ररथ ने पाण्डवों से क्षमा याचना करते हुये कहा, "मैं आप लोगों के बल-पौरुष से अत्यन्त प्रभावित हुआ हूँ तथा अपनी भूल स्वीकार करता हूँ। यदि आप लोगों को स्वीकार हो तो मैं आपके साथ मित्रता करना चाहता हूँ।" पाण्डवों ने उसकी मित्रता स्वीकार कर ली। मित्रता हो जाने पर चित्ररथ ने पाण्डवों को चाक्षुसी विद्या का प्रयोग सिखाया जिससे वे सूक्ष्म से सूक्ष्म वस्तु को देख सकते थे किन्तु वे किसी को दृष्टिगोचर नहीं हो सकते थे। इसके बदले में अर्जुन ने गन्धर्वराज चित्ररथ

को आग्नेयास्त्र का प्रयोग सिखाया। इसके पश्चात् चित्ररथ गन्धर्वलोक चले गये और पाण्डवों ने पांचाल के लिये प्रस्थान किया।

रास्ते में पांडवों को धौम्य ऋषि मिले। पांडवों ने उन्हें अपना पुरोहित बना लिया। पांचाल राज्य पहुँचकर माता की सलाह से राजधानी के निकट एक कुम्हार के घर में ठहर गए। स्वयंवर के दिन राजधानी को सजाया गया था। देश-देश के राजा उसमें भाग लेने आए थे। हस्तिनापुर से कर्ण, दुर्योधन, दुशासन भी आए थे। स्वयंवर-भूमि के मध्य भाग में आकाश में एक मछली स्थिर थी। उसके नीचे एक चक्र बराबर घूम रहा था। नीचे पानी में मछली की परछाई को देखकर, जो उसकी आँख बेध सके, वही द्रौपदी से विवाह कर सकता था।

एक-एक करके अनेक राजाओं ने प्रयास किया, पर कोई भी मछली की आँख को नहीं वेध सका। कर्ण निशाना साधने चला, पर सूतपुत्र कहे जाने के कारण उसे बैठ जाना पड़ा। अंत में ब्राह्मण वेशधारी अर्जुन ने एक तीर से मछली की आँख वेध दी।

उपस्थित राजाओं की शंका पर अर्जुन ने दूसरी बार निशाना लगाकर मछली को ही नीचे गिरा दिया। द्रौपदी ने अर्जुन के गले में वरमाला पहना दी। कुछ राजाओं ने ब्राह्मण वेशधारी से द्रौपदी को छीनने का प्रयास किया, पर जब भीम एक विशाल पेड़ उखाड़कर ले आए तो उनका साहस टूट गया। जब द्रौपदी तथा धृष्टद्युम्न को पता चला उसने अर्जुन का वरण किया तो उसकी प्रसन्नता की सीमा न रही। घर पहुँचकर अर्जुन ने बाहर से ही माँ को बताया कि देखो कितनी अच्छी चीज लाया हूँ, तो भीतर से ही माता कुंती ने उत्तर दिया कि जो लाए हो, पाँचों भाई बाँट लो।

माता कुंती ने जैसे ही बाहर आकर देखा तो उसे बहुत पश्चाताप हुआ, किन्तु माता के वचनों को सत्य सिद्ध करने के लिये द्रौपदी ने पाँचों पाण्डवों को पति के रूप में स्वीकार कर लिया। पाण्डवों के द्रौपदी को साथ ले कर अपने निवास पर पहुँचने के कुछ काल पश्चात् उनके पीछे-पीछे कृष्ण भी वहाँ पर आ पहुँचे। सभी से भेंट मुलाकात करके कृष्ण वहाँ से अपनी नगरी द्वारिका चले गये।

फिर पाँचों भाइयों ने भिक्षावृति से भोजन सामग्री एकत्रित किया और उसे लाकर माता कुन्ती के सामने रख दिया। कुन्ती ने द्रौपदी से कहा, "देवि! इस भिक्षा से पहले देवताओं के अंश निकालो। फिर ब्राह्मणों को भिक्षा दो। तत्पश्चात् आश्रितों का अंश अलग करो। उसके बाद जो शेष बचे उसका आधा भाग भीम को और शेष आधा भाग हम सभी को भोजन के लिये परोसो।" पतिव्रता द्रौपदी ने कुन्ती के आदेश का पालन किया। भोजन के पश्चात् कुशासन पर मृगचर्म बिछाकर वे सो गये। द्रौपदी माता के पैरों की ओर सोई।

द्रौपदी के स्वयंवर के समय दुर्योधन के साथ ही साथ द्रुपद, धृष्तद्युम्न एवं अनेक अन्य लोगों को संदेह हो गया था कि वे ब्राह्मण पाण्डव ही हैं। उनकी परीक्षा लेने के लिये द्रुपद ने धृष्टद्युम्न को भेज कर उन्हें अपने राजप्रासाद में बुलवा लिया। राजप्रासाद में द्रुपद एवं धृष्टद्युम्न ने पहले राजकोष को दिखाया किन्तु पाण्डवों ने वहाँ रखे रत्नाभूषणों तथा रत्न-माणिक्य आदि में किसी प्रकार की रुचि नहीं दिखाई। किन्तु जब वे शस्त्रागार में गये तो वहाँ रखे अस्त्र-शस्त्रों उन सभी ने बहुत अधिक रुचि प्रदर्शित किया और अपनी पसंद के शस्त्रों को अपने पास रख लिया। उनके क्रिया-कलाप से द्रुपद को विश्वास हो गया कि ये ब्राह्मण के रूप में योद्धा ही हैं।

द्रुपद ने युधिष्ठिर से पूछा, "हे आर्य! आपके पराक्रम को देखकर मुझे विश्वास हो गया है कि आप लोग ब्राह्मण नहीं हैं। कृपा करके आप अपना सही परिचय दीजिये।"

उनके वचनों को सुन कर युधिष्ठिर ने कहा, "राजन! आपका कथन अक्षरशः सत्य है। हम पाण्डु-पुत्र पाण्डव हैं। मैं युधिष्ठिर हूँ और ये मेरे भाई भीमसेन, अर्जुन, नकुल एवं सहदेव हैं। हमारी माता कुन्ती आपकी पुत्री द्रौपदी के साथ आपके महल में हैं।"

युधिष्ठिर की बात सुन कर द्रुपद अत्यन्त प्रसन्न हुये और बोले, "आज भगवान ने मेरी सुन ली। मैं चाहता था कि मेरी पुत्री का विवाह पाण्डु के पराक्रमी पुत्र अर्जुन के साथ ही हो। मैं आज ही अर्जुन और द्रौपदी के विधिवत विवाह का प्रबन्ध करता हूँ।"

इस पर युधिष्ठिर ने कहा, "राजन! द्रौपदी का विवाह तो हम पाँचों भाइयों के साथ होना है।"

यह सुन कर द्रुपद आश्चर्यचकित हो गये और बोले, "यह कैसे सम्भव है? एक पुरुष की अनेक पत्नियाँ अवश्य हो सकती हैं, किन्तु एक स्त्री के पाँच पति हों ऐसा तो न कभी देखा गया है और न सुना ही गया है।"

युधिष्ठिर ने कहा, "राजन! न तो मैं कभी मिथ्या भाषण करता हूँ और न ही कोई कार्य धर्म या शास्त्र के विरुद्ध करता हूँ। हमारी माता ने हम सभी भाइयों को द्रौपदी का उपभोग करने का आदेश दिया है और मैं माता की आज्ञा की अवहेलना कदापि नहीं कर सकता।"

इसी समय वहाँ पर वेदव्यास जी पधारे और उन्होंने द्रुपद को द्रौपदी के पूर्व जन्म की एक कथा सुनाई तथा बताया कि द्रौपदी को पाँच पति प्राप्त होने का वरदान मिला था—

एक बार रुद्र ने पांच इन्द्रों को उनके दुरभिमान स्वरूप यह शाप दिया था कि वे मानव-रूप धारण करेंगे। उनके पिता क्रमशः धर्म, वायु, इन्द्र तथा अश्विनीकुमार (द्वय) होंगे। भू-लोक पर उनका विवाह स्वर्गलोक की लक्ष्मी के मानवी रूप से होगा।

वह मानवी द्रौपदी है तथा वे पांचों इन्द्र पांडव हैं। द्रौपदी पूर्वजन्म में किसी ऋषि की कन्या थी। उसने पति पाने की कामना से तपस्या की। शंकर ने प्रसन्न होकर उसे वर देने की इच्छा की। उसने शंकर से पांच बार कहा कि वह सर्वगुण संपन्न पति चाहती है। शंकर ने कहा कि अगले जन्म में उसके पांच भारतवंशी पति होंगे, क्योंकि उसने पति पाने की कामना पांच बार दोहरायी थी।

व्यास मुनि ने उनके पूर्व रूप देखने के लिए द्रुपद को दिव्य दृष्टि भी प्रदान की थी। वेदव्यास जी के वचनों को सुन कर द्रुपद का सन्देह समाप्त हो गया और

उन्होंने अपनी पुत्री द्रौपदी का विवाह पाँचों पाण्डवों के साथ बड़ी धूमधाम के साथ कर दिया। इस विवाह में देवर्षि नारद ने स्वयं पधार कर द्रौपदी को प्रतिदिन कन्यारूप हो जाने का आशीर्वाद दिया। द्रुपद के दिये तथा कृष्ण के भेजे विभिन्न उपहारों को ग्रहण कर वे लोग द्रुपद की नगरी में ही रहने लगे।

6

हस्तिनापुर वापिस आना

पाण्डवों के जीवित होने तथा द्रौपदी के साथ विवाह होने की बात तेजी से सभी ओर फैल गई। हस्तिनापुर में इस समाचार के मिलने पर दुर्योधन और उसके सहयोगियों के दुःख का पारावार न रहा। भीष्म और द्रोणाचार्य ने पांडवों को वापस बुलाने का मत प्रकट किया। यद्यपि दुर्योधन और कर्ण ने इसका विरोध किया, पर विदुर की सलाह पर धृतराष्ट्र ने उन्हीं को पांडवों को लाने के लिए पांचाल भेजा। विदुर पाण्डवों को बुला लाये। नगर-निवासियों ने बड़े हर्ष से उनका स्वागत किया। धृतराष्ट्र, द्रोणाचार्य, कृपाचार्य, विकर्ण, चित्रसेन आदि सभी ने उनकी अगवानी की। धृतराष्ट्र पाण्डवों को उनका राज्य लौटाना नहीं चाहते थे किन्तु भीष्म, विदुर, द्रोण आदि के द्वारा धृतराष्ट्र को समझाने तथा दबाव डालने के कारण उन्हें पाण्डवों को राज्य का आधा हिस्सा देने के लिये विवश होना पड़ा। धृतराष्ट्र ने उन्हें राज्य का खाण्डव वन नामक हिस्सा दिया।

इन्द्रप्रस्थ की स्थापना

द्रौपदी स्वयंवर के पहले विदुर को छोड़ कर सभी लोग पाण्डवों को मृत समझने लगे और इस कारण धृतराष्ट्र ने इस कारण शकुनि के कहने पर दुर्योधन को युवराज बना दिया। द्रौपदी स्वयंवर के तत्पश्चात दुर्योधन आदि को पाण्डवों के जीवित होने का पता चला। पाण्डवों ने कौरवों से अपना राज्य मांगा परन्तु गृहयुद्ध के संकट से बचने के लिए युधिष्ठर ने कौरवों द्वारा दिए खण्डहर स्वरुप खाण्डववन को आधे राज्य

के रूप में प्राप्त किया। पांडवों की पांचाल राजा द्रुपद की पुत्री द्रौपदी से विवाह उपरांत मित्रता के बाद वे काफी शक्तिशाली हो गए थे। तब हस्तिनापुर के महाराज धृतराष्ट्र ने उन्हें राज्य में बुलाया।

धृतराष्ट्र ने युधिष्ठिर को संबोधित करते हुए कहा, "हे कुंती पुत्र! अपने भ्राताओं के संग जो मैं कहता हूँ, सुनो। तुम खांडवप्रस्थ के वन को हटा कर अपने लिए एक शहर का निर्माण करो, जिससे कि तुममें और मेरे पुत्रों में कोई अंतर ना रहे। यदि तुम अपने स्थान में रहोगे, तो तुमको कोई भी क्षति नहीं पहुंचा पाएगा। पार्थ द्वारा रक्षित तुम खांडवप्रस्थ में निवास करो और आधा राज्य भोगो।"

धृतराष्ट्र के कथनानुसार, पांडवों ने हस्तिनापुर से प्रस्थान किया। आधे राज्य के आश्वासन के साथ उन्होंने खांडवप्रस्थ के वनों को हटा दिया। उसके उपरांत पांडवों ने श्रीकृष्ण के साथ मय दानव की सहायता से उस शहर का सौन्दर्यीकरण किया। वह शहर एक द्वितीय स्वर्ग के समान हो गया। उसके बाद सभी महारथियों व राज्यों के प्रतिनिधियों की उपस्थिति में वहां श्रीकृष्ण द्वैपायन व्यास के सान्निध्य में एक महान यज्ञ और गृहप्रवेश अनुष्ठान का आयोजन हुआ। उसके बाद, सागर जैसी चौड़ी खाई से घिरा, स्वर्ग गगनचुम्बी चारदीवारी से घिरा व चंद्रमा या सूखे मेघों जैसा श्वेत वह नगर नागों की राजधानी, भोगवती नगर जैसा लगने लगा। इसमें अनगिनत प्रासाद, असंख्य द्वार थे, जो प्रत्येक द्वार गरुड़ के विशाल फैले पंखों की तरह खुले थे। इस शहर की रक्षा दीवार में मंदराचल पर्वत जैसे विशाल द्वार थे। इस शस्त्रों से सुसज्जित, सुरक्षित नगरी को दुश्मनों का एक बाण भी खरौंच तक नहीं सकता था। उसकी दीवारों पर तोपें और शतनियां रखीं थीं, जैसे दुमुंही सांप होते हैं। बुर्जियों पर सशस्त्र सेना के सैनिक लगे थे। उन दीवारों पर वृहत लौह चक्र भी लगे थे।

यहां की सड़कें चौड़ी और साफ थीं। उन पर दुर्घटना का कोई भय नहीं था। भव्य महलों, अट्टालिकाओं और प्रासादों से सुसज्जित यह नगरी इंद्र की अमरावती से मुकाबला करती थीं। इस कारण ही इसे इंद्रप्रस्थ नाम दिया गया था। इस शहर के सर्वश्रेष्ठ भाग में पांडवों का महल स्थित था। इसमें कुबेर के समान खजाना और भंडार थे। इतने वैभव से परिपूर्ण इसको देख कर दामिनी के समान आँखें चौधिया जाती थीं।

जब शहर बसा तो वहां बड़ी संख्या में ब्राह्मण आए, जिनके पास सभी वेद-शास्त्र इत्यादि थे व सभी भाषाओं में पारंगत थे। यहां सभी दिशाओं से बहुत से व्यापारीगण पधारे। उन्हें यहां व्यापार कर अत्यधिक संपत्ति मिलने की आशाएं

थीं। बहुत से कारीगर वर्ग के लोग भी यहां आ कर बस गए। इस शहर को घेरे हुए, कई सुंदर उद्यान थे, जिनमें असंख्य प्रजातियों के फल और फूल इत्यादि लगे थे। इनमें आम्र, अमरतक, कदंब, अशोक, चंपक, पुन्नग, नाग, लकुचा, पनास, सालस और तालस के वृक्ष थे। तमाल, वकुल और केतकी के महकते पेड़ थे। सुंदर और पुष्पित अमलक, जिनकी शाखाएं फलों से लदी होने के कारण झुकी रहती थीं। लोध्र और सुंदर अंकोलवृक्ष भी थे। जम्बू, पाटल, कुंजक, अतिमुक्ता, करविरस, पारिजात और ढेरों अन्य प्रकार के पेड़ पौधे लगे थे। अनेकों हरे भरे कुंज यहां मयूर और कोकिल ध्वनियों से गूंजते रहते थे। कई विलासगृह थे, जो कि शीशे जैसे चमकदार थे और लताओं से ढंके थे। यहां कई कृत्रिम टीले थे और जल से ऊपर तक भरे सरोवर और झीलें, कमल तड़ाग जिनमें हंस और बत्तखें, चक्रवाक इत्यादि किल्लोल करते रहते थे। यहां कई सरोवरों में बहुत से जलीय पौधों की भी भरमार थी। यहां रहकर, शहर को भोगकर, पांडवों की खुशी दिनों-दिन बढ़ती गई ।

राजसूय यज्ञ

राजसूय वैदिक काल का विख्यात यज्ञ है। इसे कोई भी राजा चक्रवती सम्राट बनने के लिए किया करते थे। यह एक वैदिक यज्ञ है जिसका वर्णन यजुर्वेद में मिलता है।

इस यज्ञ की विधि यह है कि जिस किसी भी राजा को चक्रवर्ती सम्राट बनना होता था वह राजसूय यज्ञ संपन्न कराकर एक अश्व (घोड़ा) छोड़ दिया करता था। वह घोड़ा अलग-अलग राज्यों और प्रदेशों में फिरता रहता था। उस अश्व के पीछे-पीछे गुप्त रूप से राजसूय यज्ञ कराने वाले राजा के कुछ सैनिक भी हुआ करते थे। जब वह अश्व किसी राज्य से होकर जाता और उस राज्य का राजा उस अश्व को पकड़ लेता था तो उसे उस अश्व के राजा से युद्ध करना होता था और अपनी वीरता प्रदर्शित करनी होती थी और यदि कोई राजा उस अश्व को नहीं पकड़ता था तो इसका अर्थ यह था कि वह राजा उस राजसूय अश्व के राजा को नमन करता है और उस राज्य के राजा की छत्रछाया में रहना स्वीकार करता है।

एक दिन महर्षि नारद सभा-भवन में पधारे। उन्होंने युधिष्ठिर को राजसूय यज्ञ करने की सलाह दी। युधिष्ठिर ने कृष्ण को बुलवाया तथा राजसूय यज्ञ के बारे में पूछा। उन्होंने भी युधिष्ठिर को राजसूय यज्ञ करने के लिए प्रोत्साहित किया, लेकिन महाराज युधिष्ठिर के चक्रवर्ती सम्राट बनने के मार्ग में केवल एक रोड़ा था,

मगध नरेश जरासंध, जिसे परास्त किए बिना वह सम्राट नहीं बन सकते थे और ना ही उसे रणभूमि में परास्त किया जा सकता था। इस समस्या का समाधान करने के लिए श्रीकृष्ण, भीम और अर्जुन के साथ ब्राह्मणों का वेश बनाकर मगध की ओर चल दिए।

7

जरासंध वध

जरासंध के पिता थे महाराज यल्ज्क् और उनकी दो पटरानियां थीं। वह दोनों ही को एक समान चाहते थे। बहुत समय व्यतीत हो गया और वे बूढ़े हो चले थे, लेकिन उनकी कोई संतान नहीं थी। तब एक बार उन्होंने सुना कि उनके राज्य में ऋषि चंडकौशिक पधारे हुए हैं और वे एक आम के वृक्ष के नीचे विराजमान हैं। यह सुनते ही राजा आशापूर्ण होकर ऋषि से मिलने चल दिए। ऋषि के पास पहुँच कर उन्होंने ऋषि को अपना दुख कह सुनाया। राजा का वृत्तांत सुनकर ऋषि को दया आ गई और उन्होंने नरेश को एक आम दिया और कहा कि इसे अपनी रानी को खिला देना। लेकिन चूंकि उनकी दो पत्नियां थी और वे दोनों ही से एक समान प्रेम करते थे, इसलिए उन्होंने उस आम के बराबर टुकड़े करके अपनी दोनों रानियों को खिला दिया। इससे दोनों रानियों को आधे-आधे पुत्र हुए। भय के मारे उन्होंने उन दोनों टुकड़ों को वन में फिकवा दिया, तभी वहाँ से जरा नामक एक राक्षसी भी जा रही थी। उसने माँस के उन दोनों लोथड़ों को देखा और उसने दायां लोथड़ा दाएं हाथ में और बायां लोथड़ा बाएं हाथ में लिया जिससे वह दोनों टुकडे जुड़ गए। जुड़ते ही उस बालक ने बहुत जोर की गर्जना की जिससे भयभीत होकर जरा राक्षसी भाग गई और राजभवन में दोनों रानियों की छाती से दूध उतर आया। इसीलिए उसका नाम जरासंध हुआ। इस प्रकार जरासंध का जन्म हुआ।

जरासंध महाभारत कालीन मगध राज्य का नरेश था। वह बहुत ही शक्तिशाली राजा था और उसका सपना चक्रवर्ती सम्राट बनने का था। यद्यपि वह एक

शक्तिशाली राजा तो था, लेकिन वह बहुत क्रूर था। अजेय होने का अपना सपना पूरा करने के लिए उसने बहुत से राजाओं को अपने कारागार में बंदी बनाकर रखा था। वह मथुरा नरेश कंस का परम मित्र था। श्रीकृष्ण से कंस वध का प्रतिशोध लेने के लिए उसने 17 बार मथुरा पर चढ़ाई की लेकिन हर बार उसे असफल होना पड़ा। जरासंध श्री कृष्ण का परम शत्रु और एक योद्धा था।

जरासंध का वध

श्रीकृष्ण, अर्जुन तथा भीमसेन ब्राह्मण का रूप धर कर मगध देश की राजधानी में जरासंध के पास पहुँचे। जरासंघ ने इन ब्राह्मणों का यथोचित आदर सत्कार करके पूछा, "हे ब्राह्मणों! मैं आप लोगों की क्या सेवा कर सकता हूँ?" तब ब्राह्मण वेशधारी श्रीकृष्ण ने कहा कि अभी उनके दोनों मित्रों का मौन व्रत है जो अर्द्धरात्रि में समाप्त होगा। तब जरासंध ने अर्द्धरात्रि को ही आने का वचन दिया और उन्हें ब्राह्मण कक्ष में ठहराया। जब अर्धरात्रि में वह आया तो उसे उन तीनों पर कुछ संदेह हुआ कि वे ब्राह्मण नहीं है और उन्हें उनके वास्तविक रूप में आने को कहा।

जरासंघ के इस प्रकार कहने पर श्री कृष्ण बोले, "हे मगधराज! हम आपसे याचना करने आये हैं। हम यह भली भाँति जानते हैं कि आप याचकों को कभी विमुख नहीं होने देते हैं। राजा हरिश्चन्द्र ने विश्वामित्र जी की याचना करने पर उन्हें सर्वस्व दे डाला था। राजा बलि से याचना करने पर उन्होंने त्रिलोक का राज्य दे दिया था। फिर आपसे यह कभी आशा नहीं की जा सकती कि आप हमें निराश कर देंगे। हम आपसे गौ, धन, रत्नादि की याचना नहीं करते। हम केवल आपसे युद्ध की याचना करते हैं, आप हमें द्वन्द्व युद्ध की भिक्षा दीजिये।"

श्री कृष्ण के इस प्रकार याचना करने पर जरासंघ समझ गया कि छद्मवेष में ये कृष्ण, अर्जुन तथा भीमसेन हैं। उसने क्रोधित होकर कहा, "अरे मूर्खों! यदि तुम युद्ध ही चाहते हो तो मुझे तुम्हारी याचना स्वीकार है। किन्तु कृष्ण! तुम मुझसे पहले ही पराजित होकर रण छोड़ कर भाग चुके हो। नीति कहती है कि भगोड़े तथा पीठ दिखाने वाले के साथ युद्ध नहीं करना चाहिये। अतः मैं तुमसे युद्ध नहीं करूँगा। यह अर्जुन भी दुबला-पतला और कमजोर है। इसलिये मैं इससे भी युद्ध नहीं करूँगा। हाँ यह भीम मुझ जैसा ही बलवान है, मैं इसके साथ अवश्य युद्ध करूँगा।"

इसके पश्चात् दोनों ही अपना-अपना गदा सँभाल कर युद्ध के मैदान में डट पड़े। दोनों ही महाबली तथा गदायुद्ध के विशेषज्ञ थे। पैंतरे बदल-बदल कर युद्ध करने लगे। कभी भीमसेन का प्रहार जरासंघ को व्याकुल कर देती तो कभी जरासंघ चोट

कर जाता। सूर्योदय से सूर्यास्त तक दोनों युद्ध करते और सूर्यास्त के पश्चात् युद्ध विराम होने पर मित्रभाव हो जाते। इस प्रकार सत्ताइस दिन व्यतीत हो गये और दोनों में से कोई भी पराजित न हो सका। अट्ठाइसवें दिन प्रातः भीमसेन कृष्ण से बोले, "हे जनार्दन! यह जरासंध तो पराजित ही नहीं हो रहा है। अब आप ही इसे पराजित करने का कोई उपाय बताइये।" भीम की बात सुनकर श्रीकृष्ण ने कहा, "भीम! यह जरासंघ अपने जन्म के समय दो टुकड़ों में उत्पन्न हुआ था, तब जरा नाम की राक्षसी ने दोनों टुकड़ों को जोड़ दिया था। इसलिये युद्ध करते समय जब मैं तुम्हें संकेत करूँगा तो तुम इसके शरीर को दो टुकड़ों में विभक्त कर देना। बिना इसके शरीर के दो टुकड़े हुये इसका वध नहीं हो सकता।"

श्रीकृष्ण की बातों को ध्यान में रख कर भीमसेन जरासंघ से युद्ध करने लगे। युद्ध करते-करते दोनों की गदाओं के टुकड़े-टुकड़े हो गये तब वे मल्ल युद्ध करने लगे। मल्ल युद्ध में ज्यों ही भीम ने जरासंघ को भूमि पर पटका, श्री कृष्ण ने एक वृक्ष की डाली को बीच से चीरकर भीमसेन को संकेत किया। उनका संकेत समझ कर भीम ने अपने एक पैर से जरासंघ के एक टांग को दबा दिया और उसकी दूसरी टांग को दोनों हाथों से पकड़ कर कंधे से ऊपर तक उठा दिया जिससे जरासंघ के दो टुकड़े हो गये। भीम ने उसके दोनों टुकड़ों को अपने दोनों हाथों में लेकर पूरी शक्ति के साथ विपरीत दिशाओं में फेंक दिया और इस प्रकार महाबली जरासंघ का वध हो गया। श्रीकृष्ण ने जरासंध के कारागार से सभी बंदी राजाओं को मुक्त कर दिया तथा युधिष्ठिर के राजसूय यज्ञ में शामिल होने का निमंत्रण दिया और जरासंध के पुत्र सहदेव को मगध की राजगद्दी पर बिठाया।

जरासंघ का वध करके श्री कृष्ण, अर्जुन और भीम इन्द्रप्रस्थ लौट आये एवं धर्मराज युधिष्ठिर से सारा वृत्तांत कहा जिसे सुनकर वे अत्यन्त प्रसन्न हुये। तत्पश्चात् धर्मराज युधिष्ठिर ने राजसूय यज्ञ की तैयारी शुरू करवा दी। उस यज्ञ के ऋतिज आचार्य होते थे। भीम, अर्जुन, नकुल और सहदेव चारों दिशाओं में गए तथा सभी राजाओं को युधिष्ठिर की अधीनता स्वीकार करने के लिए विवश किया।

यज्ञ को सफल बनाने के लिये वहाँ पर भारतवर्ष के समस्त बड़े-बड़े ऋषि महर्षि– भगवान वेद व्यास, भारद्वाज, सुनत्तु, गौतम, असित, वशिष्ठ, च्यवन, कण्डव, मैत्रेय, कवष, जित, विश्वामित्र, वामदेव, सुमति, जैमिन, क्रतु, पैल, पाराशर, गर्ग, वैशम्पायन, अथर्वा, कश्यप, धौम्य, परशुराम, शुक्राचार्य, आसुरि, वीतहोत्र, मधुद्वन्दा, वीरसेन, अकृतब्रण आदि–उपस्थित थे। सभी देशों के राजाधिराज भी वहाँ पधारे। भीष्म और द्रोण को यज्ञ का कार्य-विधि का निरीक्षण करने तथा दुर्योधन को राजाओं के उपहार स्वीकार करने का कार्य सौंपा गया। श्रीकृष्ण ने स्वयं ब्राह्मणों के चरण धोने का कार्य स्वीकार किया।

राजसूय-यज्ञ का प्रारम्भ

ऋतिजों ने शास्त्र विधि से यज्ञ-भूमि को सोने के हल से जुतवा कर धर्मराज युधिष्ठिर को दीक्षा दी। धर्मराज युधिष्ठिर ने सोमलता का रस निकालने के समय यज्ञ की भूल-चूक देखने वाले सद्पतियों की विधिवत पूजा की। अब समस्त सभासदों में इस विषय पर विचार होने लगा कि सबसे पहले किस देवता की पूजा की जाये। तब सहदेव जी उठ कर बोले–

"श्री कृष्ण देवन के देव,
उन्हीं को सब से आगे लेव।
ब्रह्मा शंकर पूजत जिनको,
पहिली पूजा दीजै उनको।
अक्षर ब्रह्म कृष्ण यदुराई,
वेदन में महिमा तिन गाई।
अग्र तिलक यदुपति को दीजै,
सब मिलि पूजन उनको कीजै।"

परमज्ञानी सहदेव जी के वचन सुनकर सभी सत्पुरुषों ने साधु! साधु! कह कर पुकारा। भीष्म पितामह ने स्वयं अनुमोदन करते हुये सहदेव के कथन की प्रशंसा की। तब धर्मराज युधिष्ठिर ने शास्त्रोक्त विधि से भगवान श्रीकृष्ण का पूजन आरम्भ किया।

चेदिराज शिशुपाल भगवान श्रीकृष्ण की अग्रपूजा देखकर चिढ़ गया। उसने भरी सभा में भीष्म पितामह और युधिष्ठिर को धिक्कारते हुए श्रीकृष्ण को फटकारना शुरू किया। यह कृष्ण न ऋत्विज् है, न राजा है और न ही आचार्य ही है। फिर तुम पाण्डवों ने किस कामना से इसकी पूजा की है? यदि तुम्हें कृष्ण की ही अग्रपूजा करनी थी तो इन राजाओं, हम लोगों को बुलाकर इस प्रकार अपमान तो नहीं करना चाहिये था।

शिशुपाल की दुष्टवाणी सुनकर सहदेव ने कहा, 'भगवान् श्रीकृष्ण परम पराक्रमी हैं तथा जगत के समस्त प्राणियों के लिए सुखकारी हैं। इसलिए मैंने उनकी पूजा की है, जिन्हें यह बात सहन नहीं हो रही है, उनके सिर पर मैं लात मारता हूँ, जो अब विरोध करेगा मैं उसका वध कर दूँगा।' सहदेव ने इस प्रकार कहकर जोर से लात पटकी। वहाँ उपस्थित बलवान राजाओं में से किसी की जीभ तक न हिली। आकाश से सहदेव के सिर पर पुष्पों की वर्षा होने लगी।

शिशुपाल क्रोध के मारे आग-बबूला हो गया। उसने भरी सभा में कहा कि तुम सब इस ग्वाले को क्यों मूर्खतावश पूज रहे हो? यदि इसने बचपन में किसी पक्षी (बकासुर), घोड़े (केशी) अथवा बैल (वृषभासुर) को मार ही डाला तो क्या हुआ? वे कोई युद्ध के उस्ताद तो नहीं थे। यदि इसने चेतनाहीन छकड़े (शकटासुर) को पैर मारकर उलट दिया तो क्या चमत्कार हुआ? यदि इसने गोवर्द्धन पर्वत को सात दिन तक उठा रखा तो कौन-सी अलौकिक घटना घट गई? अरे, वह पर्वत तो दीमकों की बाँबी मात्र है। जिस महाबली कंस का नमक खाकर यह पला था, उसी को इसने

मार डाला। है न कृतघ्नता की हद? जिसने जन्मते ही स्त्री (पूतना) को मार डाला, उसे ही तुम जगत्पति बतलाते हो।

शिशुपाल की रूखी और कठोर बातें सुनकर प्रतापी भीमसेन क्रोध से तिलमिला उठे। सबने देखा कि भीमसेन प्रलयकालीन काल के समान दाँत पीस रहे हैं। वे क्रोध में आकर शिशुपाल पर टूटना ही चाहते थे कि भीष्म ने उन्हें रोक लिया।

शिशुपाल की जन्म कथा और वध- क्रोधित भीम को शांत करने के लिए भीष्म ने कहा कि, यह शिशुपाल जब चेदिराज के वंश में पैदा हुआ, तब इसके तीन नेत्र थे और चार भुजाएँ थीं। पैदा होते ही यह गधों के समान रेंकने-चिल्लाने लगा था। यह सब देखकर सब भयभीत थे, तभी आकाशवाणी हुई कि डरो मत, यह बड़ा बलशाली होगा, इसका पालन करो। वाणी सुनकर शिशुपाल की माता ने कहा कि मैं यह जानना चाहती हूँ कि मेरे पुत्र की मृत्यु किसके हाथों होगी। आकाशवाणी ने दोबारा कहा कि जिसकी गोद में जाने पर तुम्हारे पुत्र की दो भुजाएँ गिर पड़ें और जिसे देखने मात्र से तीसरा नेत्र लुप्त हो जाए, उसी के हाथों इसकी मृत्यु होगी।

उस समय इस विचित्र शिशु का समाचार सुनकर पृथ्वी के अधिकांश राजा इसे देखने के लिए आए थे। चेदिराज ने सबका यथोचित्त सत्कार करके बालक शिशुपाल को सबकी गोद में रखा, परंतु न तो अधिक भुजाएँ गिरीं और न तीसरा नेत्र लुप्त हुआ। भगवान श्रीकृष्ण और महाबली बलराम भी अपनी बुआ से मिलने और उनके लड़के को देखने के लिए चेदिपुरी में आए। बुआ ने अपने भतीजे श्रीकृष्ण की गोद में प्रेम से अपना बालक रख दिया। उसी समय उसकी अधिक दो भुजाएँ गिर गईं और तीसरा नेत्र गायब हो गया। शिशुपाल की माता भयभीत होकर श्रीकृष्ण से कहने लगीं कि मुझे एक वर दो कि तुम शिशुपाल के सारे अपराध क्षमा कर दोगे। तब श्रीकृष्ण ने अपनी बुआ को आश्वासन दिया कि तुम चिंता ना करो, मैं इसके एक नहीं सौ अपराध भी क्षमा कर दूँगा। इसी वरदान के कारण शिशुपाल श्रीकृष्ण का भरे दरबार में अपमान कर रहा है।

शिशुपाल जोश में आकर श्रीकृष्ण की ओर रूख करके बोला, 'कृष्ण! मैं तुम्हें ललकारता हूँ। आओ, मुझसे भिड़ जाओ। मैं पाण्डवों के साथ तुम्हें यमपुरी भेज दूँगा। पाण्डवों ने मूर्खतावश तुम्हारे जैसे ग्वाले, मूर्ख और अयोग्य की पूजा की है। अब तुम लोगों का वध ही उचित है। ये बातें सुनकर श्रीकृष्ण भरी सभा में खड़े हुए और चक्र का स्मरण किया। स्मरण करते ही चक्र उनके हाथ में चमकने लगा। श्रीकृष्ण ने उच्च स्वर से कहा—'नरपतियों! मैंने इसे अब तक जो क्षमा

किया था, इसका कारण यह था कि मैंने इसकी माता की प्रार्थना से इसके सौ अपराध क्षमा करने की बात स्वीकार की थी। अब मेरे दिये गये वचन के अनुसार वह संख्या पूरी हो गई है। इसलिए आप लोगों के सामने ही इसका सिर धड़ से अलग किये देता हूँ।

श्रीकृष्ण ने यह कहकर उसी चक्र से शिशुपाल का सिर काट डाला, उसी समय उसके शरीर से सूर्य के समान प्रकाशमान एक श्रेष्ठ ज्योति निकली, उसने श्रीकृष्ण को प्रणाम किया और सबके देखते-देखते ही वह श्रीकृष्ण के अन्दर समा गई। यह अद्‍भुत घटना देखकर उपस्थित जनता आश्चर्यचकित हो गई।

जरासन्ध के बंधन से बंदी राजाओं की मुक्ति

जब जरासन्ध युद्ध करने के लिए उद्यत हो गया, तब श्रीकृष्ण ने पूछा- 'बताओ, तुम हम में से किसके साथ युद्ध करना पसन्द करोगे।' घमंडी जरासन्ध ने भीमसेन के साथ कुश्ती लड़ना स्वीकार किया।

बलवान भीमसेन ने श्रीकृष्ण से परामर्श लेकर ब्राह्मणों से स्वस्तिवाचन कराया और जरासन्ध से भिड़ने के लिए अखाड़े में उतर गए। दोनों खेमे और ताल ठोंकते हुए परस्पर गुथ गए। उन्होंने तृणपीड, पूर्णयोग, समुष्टिक आदि अनेकों दाव-पेंच किये। उनकी कुश्ती अपूर्व थी। उनका मल्ल युद्ध देखने के लिए हजारों नगरवासी इकट्ठे हो गये। उनके प्रहार और छीना-झपटी से बड़ी कर्कश ध्वनि होने लगी। कभी वे हुंकार करते हुए घूँसों का प्रहार करते। वे जिधर जाते, उधर की जनता भाग खड़ी होती।

यह युद्ध कार्तिक कृष्ण प्रतिपदा से प्रारम्भ होकर लगातार तेरह दिन बिना रूके चलता रहा। चौदहवें दिन रात के समय जरासन्ध थककर कुछ ढीला पड़ गया। उसी समय भीमसेन ने जरासन्ध को उठा लिया और बड़े जोर से उसे आकाश में घुमाया, सौ बार घुमाकर उसे जमीन पर पटका और घुटनों के चोट से उसकी पीठ की रीढ़ तोड़कर पीस दिया। इतना करने के पश्चात् भी जरासन्ध पराजित नहीं हुआ। भीमसेन उसे लगातार लात-घूँसों से मारे जा रहा था, तब निराश होकर भीमसेन ने भगवान श्रीकृष्ण की ओर देखा। श्रीकृष्ण ने इशारे से भीमसेन से कहा कि इसके चीर कर दो टुकड़े कर दो। अगले क्षण भीम ने हुँकार करके उसका एक पैर पकड़ा और दूसरे पैर पर अपना पैर रखकर उसे दो खण्डों में चीर डाला। जरासन्ध की इस दुर्दशा और भीमसेन की गर्जना से उपस्थित जन-समुदाय भयभीत हो गया। भीमसेन ने जरासन्ध के प्राणहीन शरीर को रनिवास की ड्योढ़ी पर डाल दिया।

तत्पश्चात् श्रीकृष्ण ने जरासन्ध के ध्वजमण्डित दिव्य रथ को जोता, उस पर भीमसेन और अर्जुन को बैठाया और वहाँ से चलकर कैदी राजाओं को पहाड़ी किले से बाहर निकाला। उस दिव्य रथ का नाम सोदर्यवान् था। दो महारथी उस पर बैठकर एक साथ युद्धकर सकते थे। सभी बंदी राजाओं ने श्रीकृष्ण की विधिपूर्वक पूजा की। सभी राजाओं ने नम्रता से झुककर कहा- 'हमें कुछ आज्ञा दीजियें, हम आपका कठिन-से-कठिन काम भी करेंगे।'

भगवान श्रीकृष्ण ने उन्हें आश्वासन देते हुए कहा- 'धर्मराज युधिष्ठिर चक्रवर्ती पद प्राप्त करने के लिए राजसूय यज्ञ करना चाहते हैं। आप लोग उनकी सहायता कीजिये।' राजाओं की प्रसन्नता की सीमा न रही। उन्होंने हृदय से यह प्रस्ताव स्वीकार किया।

भगवान श्रीकृष्ण भीमसेन और अर्जुन के साथ इन्द्रप्रस्थ वापस लौटे। महाराज युधिष्ठिर को जरासन्ध-वध का समाचार सविस्तार बताया। जरासन्ध की मृत्यु से सभी पाण्डव आनन्दित हुए। उन्होंने सभी बन्धनमुक्त राजाओं से मिल भेंटकर उनका यथोचित्त आदर-सत्कार किया और समय पर उन्हें विदा किया। सब राजा धर्मराज से अनुमति लेकर बड़ी प्रसन्नता के साथ अपने-अपने देश चले गये।

परम प्रवीण भगवान श्रीकृष्ण धर्मराज से अनुमति प्राप्त कर उसी रथ पर, जो जरासन्ध के यहाँ से ले आए थे, सवार होकर द्वारका की यात्रा की। इस ऐतिहासिक विजय एवं राजाओं को छुड़ाकर अभय देने के कारण पाण्डवों का यश चारों दिशाओं में फैल गया।

धर्मराज युधिष्ठिर समय के अनुसार धर्म पर दृढ़ रहकर प्रजा-पालन करने लगे।

एक दिन अर्जुन ने धर्मराज युधिष्ठिर से कहा कि—'यदि आप आज्ञा दें तो मैं दिग्विजय के लिए जाऊँ और पृथ्वी के सभी राजाओं से आपके लिए कर वसूल करूँ।' युधिष्ठिर ने अर्जुन को उत्साहित करते हुए कहा—'अवश्य, तुम्हारी विजय निश्चित है।' युधिष्ठिर की आज्ञा प्राप्त करके चारों भाइयों ने दिग्विजय-यात्रा की।

अर्जुन ने उत्तर दिशा की विजय का भार लिया। भीमसेन बहुत बड़ी सेना लेकर पूर्व दिशा पर विजय के लिए चल पड़े। सहदेव ने भी बड़ी सेना के साथ दक्षिण दिशा की विजय के लिए प्रस्थान किया तथा नकुल ने उसी समय सेना लेकर पश्चिम दिशा की विजय यात्रा की। ये सभी चारों भाई सुन्दर-सुन्दर वस्तुओं की भेंट लेकर समस्त राजाओं को अपने अधीन कर इन्द्रप्रस्थ लौट आये।

दो टुकड़ों को जोडने पर बन गया राजकुमार!

जैसा कि पहले बताया गया है जरासंध दो औरतों के गर्भ से आधा-आधा जन्मा था जिसे उसके पिता ने जंगल में फेंकवा दिया था। उस बालक के दोनों टुकड़े वहाँ रहने वाली एक राक्षसी ने देखे। उसका नाम जरा था। वह राक्षसी वह खून-पीती और मांस खाती थी। उसने उन टुकड़ों को उठाया और संयोगवश सुविधा से ले जाने के लिए उसने दोनों टुकड़े मिलाए। टुकड़े मिलकर एक महाबली राजकुमार बन गया। राक्षसी आश्चर्य चकित हो गई। वह उस राजकुमार को उठा तक ना सकी।

उस राजकुमार ने अपनी मुठ्ठी बाधकर मुंह में डाल ली और बहुत तेज आवाज में रोने लगा। रानिवास के सभी लोग उसकी आवाज सुनकर आश्चर्यचकित हो गए। रानियां अपने पुत्र को मरा हुआ समझकर निराश हो चुकी थी, फिर भी उनके स्तनों में दूध उमड़ रहा था। जरा ने सोचा मैं इस राजा के राज्य में रहती हूं। इसे कोई संतान नहीं है और इसे संतान की बहुत अभिलाषा है। साथ ही यह धार्मिक और महात्मा भी है।

इसलिए इस राजकुमार को नष्ट करना अनुचित है। उसने वह राजकुमार जाकर राजा ब्रह्द्रथ को सौंप दिया। तब ब्रह्द्रथ ने पूछा मुझे पुत्र देने वाली तू कौन है? जरा ने राजा को अपना परिचय दिया और सारी कहानी सुनाई। राजा ने उसे धन्यवाद दिया। तब राजा ने कहा इसे जरा ने संधित किया है। इसलिए इसका नाम जरासंध होगा।

क्यों वेष बदला कृष्ण, अर्जुन और भीम ने?

जरासंध की कहानी सुनने के बाद श्री कृष्ण ने कहा जरासंध के नाश का समय आ गया है। लेकिन आमने-सामने की लड़ाई में तो उसको हराना बहुत कठिन है। इसलिए उससे सिर्फ कुश्ती लड़कर ही जीता जा सकता है। जब एकांत में हम तीनों की उससे मुलाकात होगी तो वह जरूर ही किसी ना किसी से युद्ध करना स्वीकार कर लेगा।

कृष्ण की बातें सुनकर भीम और अर्जुन और युधिष्ठिर तीनों उनसे सहमत हो गए। युधिष्ठिर ने कहा कृष्ण आपकी बोली गई हर एक बात सच है क्योंकि आप जिसके पक्ष में होते हैं उसकी जीत निश्चित होती है। उसके बाद युधिष्ठिर सें आज्ञा लेकर तीनों मगध की ओर निकल पड़े। मगध पहुंचते ही उन्होंने वह कि बुर्ज को नष्ट कर दिया और फिर नगर में प्रवेश किया। उन दिनों मगध में बहुत अपशकुन

हो रहे थे। इसलिए पुरोहित की सलाह पर जरासंध हाथी पर पूरे नगर की परिक्रमा करने निकले।

उसी समय उससे द्वंद्व युद्ध करने के उद्देश्य से कृष्ण, अर्जुन और भीम तीनों ने नगर में प्रवेश किया। जरासंध उन्हें देखते ही खड़ा हो गया और उसने उनका स्वागत किया। लेकिन कुछ ही क्षणों बाद वह उनके आचरण और कंधे पर शस्त्रों के निशान देखकर समझ गया कि वे कोई ब्राह्मण नहीं हैं। उसने तीनों का तिरस्कार करते हुए पूछा तुम लोग कौन हो? इतने निडर होकर वेष बदलकर और बुर्ज तोड़कर नगर में प्रवेश करने के पीछे तुम्हारा क्या उद्देश्य है।

8

शिशुपाल पर भीम का क्रोध

शिशुपाल महाभारत कालीन चेदि राज्य का स्वामी था। महाभारत में वर्णन है कि विदर्भ के राजा को रुक्म, रुक्मरथ, रुकगवाहु, रुक्मकेस तथा रुक्ममाली नामक पाँच पुत्र और एक पुत्री रुक्मणी थी। रुक्मणी सर्वगुण सम्पन्न तथा अति सुन्दरी थी। उसके माता-पिता उसका विवाह कृष्ण के साथ करना चाहते थे किन्तु रुक्म (रुक्मणी का बड़ा भाई) चाहता था कि उसकी बहन का विवाह चेदिराज शिशुपाल के साथ हो। अतः उसने रुक्मणी का टीका शिशुपाल के यहाँ भिजवा दिया। रुक्मणी कृष्ण पर आसक्त थी इसलिये उसने कृष्ण को एक ब्राह्मण के हाथों संदेशा भेजा।

कृष्ण ने संदेश लाने वाले ब्राह्मण से कहा, "हे ब्राह्मण देवता! जैसे रुक्मणी मुझसे प्रेम करती हैं वैसे ही मैं भी उन्हीं से प्रेम करता हूँ। मैं जानता हूँ कि रुक्मणी के माता-पिता रुक्मणी का विवाह मुझसे ही करना चाहते हैं परन्तु उनका बड़ा भाई रुक्म मुझ से शत्रुता रखने के कारण उन्हें ऐसा करने से रोक रहा है। तुम जाकर राजकुमारी रुक्मणी से कह दो कि मैं अवश्य ही उनको ब्याह कर लाउँगा।"

कृष्ण ने रुक्मणी से विवाह किया पर चेदिराज शिशुपाल ने इसे अपमान समझा और वह कृष्ण को अपना दुश्मन समझने लगा।

युधिष्ठिर ने सभी प्रमुख राजाओं को राजसूय यज्ञ में आने का निमंत्रण दिया जिसमें चेदिराज शिशुपाल भी था। जब धर्मराज युधिष्ठिर ने शास्त्रोक्त विधि से

भगवान श्रीकृष्ण का पूजन आरम्भ किया। तब चेदिराज शिशुपाल अपने आसन पर बैठा हुआ यह सब दृश्य देख रहा था। सहदेव के द्वारा प्रस्तावित तथा भीष्म के द्वारा समर्थित श्री कृष्ण की अग्र पूजा को वह सहन न कर सका और उसका हृदय क्रोध से भर उठा।

वह उठ कर खड़ा हो गया और बोला, "हे सभासदों! मुझे ऐसा प्रतीत हो रहा है कि कालवश सभी की मति मारी गई है। क्या इस बालक सहदेव से अधिक बुद्धिमान व्यक्ति इस सभा में नहीं है जो इस बालक की हाँ में हाँ मिला कर अयोग्य

व्यक्ति की पूजा स्वीकार कर ली गई है? क्या इस कृष्ण से आयु, बल तथा बुद्धि में कोई भी बड़ा नहीं है? बड़े-बड़े त्रिकालदर्शी ऋषि-महर्षि यहा पधारे हुये हैं। बड़े-बड़े राजा-महाराजा यहाँ पर उपस्थित हैं। क्या इस गाय चराने वाले ग्वाले के समान कोई और यहाँ नहीं है? क्या कौआ हविश्यान्न ले सकता है? क्या गीदड़ सिंह का भाग प्राप्त कर सकता है? न इसका कोई कुल है न जाति, न ही इसका कोई वर्ण है।

राजा ययाति के शाप के कारण राजवंशियों ने इस यदुवंश को वैसे ही बहिष्कृत कर रखा है। यह जरासंघ के डर से मथुरा त्याग कर समुद्र में जा छिपा था। भला यह किस प्रकार अग्रपूजा पाने का अधिकारी है?" इस प्रकार शिशुपाल जगत के स्वामी श्री कृष्ण को गाली देने लगा।

उसके इन कटु वचनों की निन्दा करते हुये अर्जुन और भीमसेन अनेक राजाओं के साथ उसे मारने के लिये उद्यत हो गये और भी गुस्सा से लाल हो गया तब भीष्म पितामह ने भीम को शिशुपालन के जन्म की सारी बाते बतायी और समझाया कि इसका वध श्रीकृष्ण के हाथों ही होना तय हैं। तब जाकर भीम का गुस्सा शांत हुआ।

शिशुपाल की बात खत्म होने पर श्रीकृष्ण बोले राजाओं शिशुपाल हमारा संबंधी है लेकिन इसने हम लोगों का सत्यानाश करने में कोई कसर नहीं छोड़ी। इसने बिना कारण ही द्वारका को जलाने की चेष्टा की। जिस समय भोजराज रैवतक पर्वत पर घुमने गए थे। इसने उनके सारे साथियों को मार डाला। जब मेरे पिता अश्वमेघ यज्ञ कर रहे थे। तब इसने उसमें भी विहन डाला। इसने ऐसे बहुत से काम किए हैं। जिसके कारण में इसका वध कर सकता था। लेकिन हर बार मैं अपनी बुआ की बात मानकर चुप रहा।

आप सभी लोग भरी सभा में इसका व्यवहार तो देख ही रहे हैं। श्रीकृष्ण तो इस प्रकार कह ही रहे थे। तभी शिशुपाल उठकर खड़ा हो गया और हंसने लगा। यदि तुझे सौ बार गरज हो तो मेरी बात सुन और सह। ना गरज हो तो जो चाहे कर ले। तब श्रीकृष्ण ने कहा राजाओं मैंने इसके सौ अपराध क्षमा करने की बात स्वीकार कर ली थी। लेकिन अब मेरे वचन की संख्या पुरी हो गई है।

जब शिशुपाल श्री कृष्ण को एक सौ गाली दे चुका तब श्री कृष्ण ने गरज कर कहा, "बस शिशुपाल! अब मेरे विषय में तेरे मुख से एक भी अपशब्द निकला तो तेरे प्राण नहीं बचेंगे। मैंने तेरे एक सौ अपशब्दों को क्षमा करने की प्रतिज्ञा की थी इसीलिये अब तक तेरे प्राण बचे रहे।"

श्री कृष्ण के इन वचनों को सुन कर सभा में उपस्थित शिशुपाल के सारे समर्थक भय से थर्रा गये किन्तु शिशुपाल का विनाश समीप था। अतः उसने काल के वश होकर अपनी तलवार निकालते हुये श्री कृष्ण को फिर से गाली दी। शिशुपाल के मुख से अपशब्द के निकलते ही श्री कृष्ण ने अपना सुदर्शन चक्र चला दिया और पलक झपकते ही शिशुपाल का सिर कट कर गिर गया। उसके शरीर से एक ज्योति निकल कर भगवान श्री कृष्णचन्द्र के भीतर समा गई और वह पापी शिशुपाल, जो तीन जन्मों से भगवान से बैर भाव रखते आ रहा था, परमगति को प्राप्त हो गया।

यह भगवान विष्णु का वही द्वारपाल था जिसे कि सनकादि मुनियों ने शाप दिया था। वे जय और विजय अपने पहले जन्म में हिरण्यकश्यपु और हिरण्याक्ष, दूसरे जन्म में रावण और कुम्भकर्ण तथा अंतिम तीसरे जन्म में कंस और शिशुपाल बने एवं श्रीकृष्ण के हाथों अपने परमगति को प्राप्त होकर पुनः विष्णुलोक लौट गये। शिशुपाल के पुत्र को चेदि राज्य की गद्दी सौंप दी गई। युधिष्ठिर का यज्ञ संपूर्ण हुआ।

क्यों किया शिशुपाल ने श्रीकृष्ण का तिरस्कार?

राजसूय यज्ञ के बाद श्रीकृष्ण की अग्रपूजा से चेदिराज शिशुपाल चिढ़ गया। उसने भरी सभा में भीष्मपितामह और धर्मराज युधिष्ठिर को धिक्कारते हुए कृष्ण को फटकारना शुरू किया। उसने कहा कृष्ण बड़े-बड़े महात्माओं और राजाओं से महान नहीं हो सकता है।

पाण्डवों यह जो तुम कर रहे हो यह अधर्म है। कृष्ण राजा नहीं है। फिर उसे तुम राजाओं का सम्मान कैसे दे सकते हो। द्रोणाचार्य और द्रुपद जैसे श्रेष्ठ लोगों की उपस्थिति में इसकी पूजा अनुचित है। इन सभी के होते हुए तुमने कृष्ण की पूजा करके हम लोगों का तिरस्कार किया है। ऐसा करके तुमने अपनी बुद्धि का दिवालियापन दिखाया है।

उसके बाद शिशुपाल ने श्रीकृष्ण से कहा मैं मानता हूं कि पांडव बेचारे डरपोक हैं। ये अपनी कायरता और मुर्खता के कारण तुम्हारी पूजा कर रहे है। इस तरह उसने भगवान कृष्ण का बहुत अपमान किया। तभी युधिष्ठिर शिशुपाल के पास गए और उसे समझाने लगे कि इस तरह की कड़वी बातें कहना अपमानजनक तो है ही साथ ही अधर्म है।

आप से बहुत से उम्र में बड़े राजा यहां उपस्थित हैं पर किसी को भी कृष्ण की पूजा से आपत्ति नहीं है। उसके बाद भीष्मपितामह और सहदेव ने भी उसे

समझाया। लेकिन शिशुपाल तो गुस्से के कारण आग बबुल हो रहा था।उसने सभी राजाओं से कहा कि आप लोग किसके डर से बैठे हैं मैं आपका सेनापति बनकर खड़ा हूं। आइए हम लोग डटकर पांडवों का सामना करते हैं।

जरासंध को हराने के बाद पांचों पांडवों ने दिग्विजय अभियान चलाया और सभी दिशाओं में जीत का परचम लहराया। उसके बाद जब धर्मराज ने देखा कि मेरे अन्न, वस्त्र,रत्न, आदि के भण्डार सभी पूर्ण है। तब उन्होंने यज्ञ करने का संकल्प किया।

अब युधिष्ठिर ने सभी बड़ो की आज्ञा से और छोटों की सहमति से राजसूय यज्ञ करने का निर्णय लिया। ब्राह्मणों ने सही समय पर युधिष्ठिर को यज्ञ की दीक्षा दी। युधिष्ठिर ने अपनी भव्य सेना, मंत्रियों और सगे संबंधियों के साथ यज्ञशाला में प्रवेश किया। उनके रहने के लिए सुन्दर स्थान बनाए गए। युधिष्ठिर ने भीष्म, धृतराष्ट्र आदि को बुलाने के लिए नकुल को भेजा। सभी लोगों ने निमंत्रण स्वीकार किया। यज्ञ में आने वाले राजा और राजकुमारों को गिनना कठिन था। धर्मराज युधिष्ठिर ने भीष्म पितामह और द्रोणाचार्य से प्रार्थना की-आप लोग इस यज्ञ में मेरी सहायता करो।

आप इस खजाने को अपना ही समझिए और इस तरह सब कार्य देखिए, जिससे मेरी मनोकामना पूरी हो। यज्ञ के आखिरी दिन सभी राजा सभा में बैठे थे। तब धर्मराज ने पूछा पितामह बताइए कि इन सभी सज्जनों में से हम सबसे पहले किसकी पूजा करें। तब भीष्म ने कहा इस पृथ्वी पर श्री कृष्ण से बढ़कर कौन है? इसलिए सबसे पहले उनकी ही पूजा करनी चाहिए। भीष्म की आज्ञा से सहदेव ने श्रीकृष्ण की पूजा की। चेदिराज शिशुपाल भगवान श्री कृष्ण की अग्रपूजा देखकर चिढ़ गया। उसने भरी सभा में भीष्म पितामह और युधिष्ठिर को धिक्कारते हुए कृष्ण को फटकारना शुरू किया।

9

द्रौपदी चीर हरण एवं भीम की प्रतिज्ञा

दुर्योधन पांडवों से अपने अपमान का बदला लेना चाहता था अतः हस्तिनापुर जाते हुए उसने मामा शकुनि से पांडवों को हराकर उनका वैभव हस्तगत करने की बात कही। शकुनि ने दुर्योधन से कहा, "भाँजे! इन्द्रप्रस्थ के सभा भवन में तुम्हारा जो अपमान हुआ है उससे मुझे अत्यन्त दुःख हुआ है। तुम यदि अपने इस अपमान का प्रतिशोध लेना चाहते हो तो अपने पिता धृतराष्ट्र से अनुमति ले कर युधिष्ठिर को धुत-क्रीड़ा (जुआ खेलने) के लिये आमन्त्रित कर लो। युधिष्ठिर धुत-क्रीड़ा का प्रेमी है, अतएव वह तुम्हारे निमन्त्रण पर वह अवश्य ही आयेगा और तुम तो जानते ही हो कि पासे के खेल में मुझ पर विजय पाने वाला त्रिलोक में भी कोई नहीं है। पासे के दाँव में हम पाण्डवों का सब कुछ जीत कर उन्हें पुनः दरिद्र बना देंगे।"

हस्तिनापुर पहुँच कर दुर्योधन सीधे अपने पिता धृतराष्ट्र के पास गया और उन्हें अपने अपमानों के विषय में विस्तारपूर्वक बताकर अपनी तथा मामा शकुनि की योजना के विषय में भी बताया और युधिष्ठिर को द्यूत-क्रीड़ा के लिये आमन्त्रित करने की अनुमति माँगी। थोड़ा-बहुत आनाकनी करने के पश्चात् धृतराष्ट्र ने दुर्योधन को अपनी अनुमति दे दी। शकुनि के कहने पर हस्तिनापुर में भी एक सभा-भवन बनवाया गया।

शकुनि जुआ खेलने में निपुण था-युधिष्ठिर को शौक अवश्य था किंतु खेलना नहीं आता था। अतः उन सबने मिलकर धृतराष्ट्र को मना लिया। विदुर के विरोध करने पर भी धृतराष्ट्र ने उसी को इन्द्रप्रस्थ जाकर युधिष्ठिर को आमन्त्रित करने के लिए कहा, साथ ही यह भी कहा कि वह पांडवों को उनकी योजना के विषय में कुछ न बताये।

विदुर उनका संदेश लेकर पांडवों को आमन्त्रित कर आये। युधिष्ठिर को उनके भाइयों तथा द्रौपदी के साथ हस्तिनापुर बुलवा लिया गया। अवसर पाकर दुर्योधन ने युधिष्ठिर के साथ धुत-क्रीड़ा का प्रस्ताव रखा जिसे युधिष्ठिर ने स्वीकार कर लिया।

पासे का खेल आरम्भ हुआ। दुर्योधन की ओर से मामा शकुनि पासे फेंकने लगे। युधिष्ठिर जो कुछ भी दाँव पर लगाते थे उसे हाराते थे। अपना समस्त राज्य तक को हार जाने के बाद युधिष्ठिर ने अपने भाइयों को भी दाँव पर लगा दिया और शकुनि धूर्तता करके इस दाँव को भी जीत गया। यह देख कर भीष्म, द्रोण, विदुर आदि ने इस जुए को बन्द कराने का प्रयास किया किन्तु असफल रहे। अब युधिष्ठिर ने स्वयं अपने आप को दाँव पर लगा दिया और शकुनि की धूर्तता से फिर हार गये।

राज-पाट तथा भाइयों सहित स्वयं को भी हार जाने पर युधिष्ठिर कान्तिहीन होकर उठने लगे तो शकुनि ने कहा, "युधिष्ठिर! अभी भी तुम अपना सब कुछ वापस जीत सकते हो। अभी द्रौपदी तुम्हारे पास दाँव में लगाने के लिये शेष है। यदि तुम द्रौपदी को दाँव में लगा कर जीत गये तो मैं तुम्हारा हारा हुआ सब कुछ तुम्हें लौटा दूँगा।" सभी तरह से निराश युधिष्ठिर ने अब द्रौपदी को भी दाँव में लगा दिया और उसे भी हार गये।

अपनी इस विजय को देख कर दुर्योधन उन्मत्त हो उठा और विदुर से बोला, "द्रौपदी अब हमारी दासी है, आप उसे तत्काल यहाँ ले आइये।" नीच दुर्योधन के वचन सुन कर विदुर तिलमिला कर बोले, "दुष्ट! धर्मराज युधिष्ठिर की पत्नी दासी बने, ऐसा कभी सम्भव नहीं हो सकता। ऐसा प्रतीत होता है कि तेरा काल निकट है इसीलिये तेरे मुख से ऐसे वचन निकल रहे हैं।" परन्तु दुष्ट दुर्योधन ने विदुर की बातों की ओर कुछ भी ध्यान नहीं दिया और द्रौपदी को सभा में लाने के लिये अपने एक सेवक को भेजा।

वह सेवक द्रौपदी के महल में जाकर बोला, "महारानी! धर्मराज युधिष्ठिर कौरवों से जुआ खेलते हुये सब कुछ हार गये हैं। वे अपने भाइयों को भी आपके सहित हार चुके हैं, इस कारण दुर्योधन ने तत्काल आपको सभा भवन में बुलवाया है।"

द्रौपदी ने कहा, "सेवक! तुम जाकर सभा भवन में उपस्थित गुरुजनों से पूछो कि ऐसी स्थिति में मुझे क्या करना चाहिये?"

सेवक ने लौट कर सभा में द्रौपदी के प्रश्न को रख दिया। उस प्रश्न को सुन कर भीष्म, द्रोण आदि वृद्ध एवं गुरुजन सिर झुकाये मौन बैठे रहे। यह देख कर दुर्योधन ने दुःशासन को आज्ञा दी, "दुःशासन! तुम जाकर द्रौपदी को यहाँ ले आओ।" दुर्योधन की आज्ञा पाकर दुःशासन द्रौपदी के पास पहुँचा और बोला, "द्रौपदी! तुम्हें हमारे महाराज दुर्योधन ने जुए में जीत लिया है। मैं उनकी आज्ञा से तुम्हें बुलाने आया हूँ।"

यह सुन कर द्रौपदी ने धीरे से कहा, "दुःशासन! मैं रजस्वला हूँ, सभा में जाने योग्य नहीं हूँ क्योंकि इस समय मेरे शरीर पर एक ही वस्त्र है।"

दुःशासन बोला, "तुम रजस्वला हो या वस्त्रहीन, मुझे इससे कोई प्रयोजन नहीं है। तुम्हें महाराज दुर्योधन की आज्ञा का पालन करना ही होगा।"

उसके वचनों को सुन कर द्रौपदी स्वयं को बचाने के लिये गांधारी के कक्ष की ओर भागने लगी, किन्तु दुःशासन ने झपट कर उसके घुँघराले केशों को पकड़ लिया

और सभा भवन की ओर घसीटने लगा। सभा भवन तक पहुँचते-पहुँचते द्रौपदी के सारे केश बिखर गये और उसके आधे शरीर से वस्त्र भी हट गये। अपनी यह दुर्दशा देख कर द्रौपदी ने क्रोध में भर कर उच्च स्वरों में कहा, "रे दुष्ट! सभा में बैठे हुये इन प्रतिष्ठित गुरुजनों की लज्जा तो कर। एक अबला नारी के ऊपर यह अत्याचार करते हुये तुझे तनिक भी लज्जा नहीं आती? धिक्कार है तुझ पर और तेरे भरतवंश पर!"

यह सब सुन कर भी दुर्योधन ने द्रौपदी को दासी कह कर सम्बोधित किया। द्रौपदी पुनः बोली, "क्या वयोवृद्ध भीष्म, द्रोण, धृतराष्ट्र, विदुर इस अत्याचार को देख नहीं रहे हैं? कहाँ हैं मेरे बलवान पति? उनके समक्ष एक गीदड़ मुझे अपमानित कर रहा है।" द्रौपदी के वचनों से पाण्डवों को अत्यन्त क्लेश हुआ किन्तु वे मौन भाव से सिर नीचा किये हुये बैठे रहे।

द्रौपदी फिर बोली, "सभासदों! मैं आपसे पूछना चाहती हूँ कि धर्मराज को मुझे दाँव पर लगाने का क्या अधिकार था?"

द्रौपदी की बात सुन कर विकर्ण उठकर कहने लगा, "देवी द्रौपदी का कथन सत्य है। युधिष्ठिर को अपने भाई और स्वयं के हार जाने के पश्चात् द्रौपदी को दाँव पर लगाने का कोई अधिकार नहीं था क्योंकि वह पाँचों भाई की पत्नी है अकेले युधिष्ठिर की नहीं। और फिर युधिष्ठिर ने शकुनि के उकसाने पर द्रौपदी को दाँव पर लगाया था, स्वेच्छा से नहीं। अतएव कौरवों को द्रौपदी को दासी कहने का कोई अधिकार नहीं है।"

विकर्ण के नीतियुक्त वचनों को सुनकर दुर्योधन के परम मित्र कर्ण ने कहा, "विकर्ण! तुम अभी कल के बालक हो। यहाँ उपस्थित भीष्म, द्रोण, विदुर, धृतराष्ट्र जैसे गुरुजन भी कुछ नहीं कह पाये, क्योंकि उन्हें ज्ञात है कि द्रौपदी को हमने दाँव में जीता है।

क्या तुम इन सब से भी अधिक ज्ञानी हो? स्मरण रखो कि गुरुजनों के समक्ष तुम्हें कुछ भी कहने का अधिकार नहीं है।"

कर्ण की बातों से उत्साहित होकर दुर्योधन ने दुःशासन से कहा, "दुःशासन! तुम द्रौपदी के वस्त्र उतार कर उसे निर्वसना करो।"

इतना सुनते ही दुःशासन ने द्रौपदी की साड़ी को खींचना आरम्भ कर दिया। द्रौपदी अपनी पूरी शक्ति से अपनी साड़ी को खिंचने से बचाती हुई वहाँ पर उपस्थित जनों से विनती करने लगी, "आप लोगों के समक्ष मुझे निर्वसन किया जा रहा है किन्तु मुझे इस संकट से उबारने वाला कोई नहीं है। धिक्कार है आप लोगों के कुल

और आत्मबल को। मेरे पति जो मेरी इस दुर्दशा को देख कर भी चुप हैं उन्हें भी धिक्कार है।"

द्रौपदी की दुर्दशा देख कर विदुर से रहा न गया, वे बोल उठे, "दादा भीष्म! एक निरीह अबला पर इस तरह अत्याचार हो रहा है और आप उसे देखकर भी चुप हैं। क्या हुआ आपके तपोबल को? इस समय दुरात्मा धृतराष्ट्र भी चुप है। वह जानता नहीं कि इस अबला पर होने वाला अत्याचार उसके कुल का नाश कर देगा।

एक सीता के अपमान से रावण का समस्त कुल नष्ट हो गया था।" विदुर ने जब देखा कि उनके नीतियुक्त वचनों का किसी पर भी कोई प्रभाव नहीं पड़ रहा है तो वे सबको धिक्कारते हुये वहाँ से उठ कर चले गये।

दुःशासन द्रौपदी के वस्त्र को खींचने के अपने प्रयास में लगा ही हुआ था। द्रौपदी ने जब वहाँ उपस्थित सभासदों को मौन देखा तो वह द्वारिकावासी श्री कृष्ण को टेरती हुई बोली, "हे गोविन्द! हे मुरारे! हे कृष्ण! मुझे इस संसार में अब तुम्हारे अतिरिक्त और कोई मेरी लाज बचाने वाला दृष्टिगत नहीं हो रहा है। अब तुम्हीं इस कृष्णा की लाज रखो।"

भक्तवत्सल श्री कृष्ण ने द्रौपदी की पुकार सुन ली। वे समस्त कार्य त्याग कर तत्काल अदृश्यरूप में वहाँ पधारे और आकाश में स्थिर होकर द्रौपदी की साड़ी को बढ़ाने लगे।

दुःशासन द्रौपदी की साड़ी को खींचते जाता था और साड़ी थी कि समाप्त होने का नाम ही नहीं लेती थी। साड़ी को खींचते-खीचते दुःशासन शिथिल होकर पसीने-पसीने हो गया किन्तु अपने कार्य में सफल न हो सका। अन्त में लज्जित होकर से चुपचाप बैठ जाना पड़ा। अब साड़ीके उस पर्वत के समान ऊँचे ढेर को देख कर वहाँ बैठे समस्त सभाजन द्रौपदी के पातिव्रत की मुक्त कण्ठ से प्रशंसा करने लगे और दुःशासन को धिक्कारने लगे।

द्रौपदी के इस अपमान को देख कर भीमसेन का सारा शरीर क्रोध से जला जा रहा था। उन्होंने घोषणा की, "जिस दुष्ट के हाथों ने द्रौपदी के केश खींचे हैं, यदि मैं उन हाथों को अपनी गदा से नष्ट न कर दूँ तो मुझे सद्गति ही न मिले। यदि मैं उसकी छाती को चीर कर उसका रक्तपान न कर सकूँ तो मैं कोटि जन्मों तक नरक की वेदना भुगतता रहूँ। मैं अपने भ्राता धर्मराज युधिष्ठिर के वश में हूँ अन्यथा इरा समस्त कौरवों को मच्छर की भाँति मसल कर नष्ट कर दूँ। यदि आज मैं स्वामी होता तो द्रौपदी को स्पर्श करने वाले को तत्काल यमलोक पहुँचा देता।"

भीमसेन के वचनों को सुनकर भी अन्य पाण्डवों तथा सभासदों को मौन देख कर दुर्योधन और अधिक उत्साहित होकर बोला, "द्रौपदी! मैं तुम्हें अपनी महारानी बना रहा हूँ। आओ, तुम मेरी बाँयीं जंघा पर बैठ जाओ। इन पुंसत्वहीन पाण्डवों का साथ छोड़ दो।"

यह सुनते ही भीम दुर्योधन के साथ युद्ध करने के लिये उठ खड़े हुये, किन्तु अर्जुन ने उनका हाथ पकड़कर उन्हें रोक लिया। इस पर भीम पुनः दुर्योधन से बोले, "दुरात्मा! मैं भरी सभा में शपथ ले कर कहता हूँ कि युद्ध में तेरी जाँघ को चीर कर न रख दूँ तो मेरा नाम भीम नहीं।"

इसी समय सभा में भयंकर अपशकुन होता दिखाई पड़ा। गीदड़-कुत्तों के रुदन से पूरा वातावरण भर उठा। इस उत्पात को देखकर धृतराष्ट्र और अधिक मौन न रह सके और बोले उठे, "दुर्योधन! तू दुर्बुद्धि हो गया है। आखिर कुछ भी हो, द्रौपदी मेरी पुत्र वधू है। उसे तू भरी सभा में निर्वसना कर रहा है।" इसके पश्चात् उन्होंने द्रौपदी से कहा, "पुत्री! तुम सचमुच पतिव्रता हो। तुम इस समय मुझसे जो वर चाहो माँग सकती हो।"

द्रौपदी बोलीं, "यदि आप प्रसन्न हैं तो मुझे यह वर दें कि मेरे पति दासता से मुक्ति पा जायें।"

धृतराष्ट्र ने कहा, "देवि! मैं तुम्हें यह वर दे रहा हूँ। पाण्डवगण अब दासता मुक्त हैं। पुत्री! तुम कुछ और माँगना चाहो तो वह भी माँग लो।"

इस पर द्रौपदी ने कहा, "हे तात! आप मेरे पतियों के दिव्य रथ एवं शस्त्रास्त्र लौटा दें।" धृतराष्ट्र ने कहा, तथास्तु। पाण्डवों के दिव्य रथ तथा अस्त्र-शस्त्र लौटा दिये गये। धृतराष्ट्र ने कहा, "पुत्री! कुछ और माँगो।"

इस पर द्रौपदी बोली, "बस तात! क्षत्राणी केवल दो वर ही माँग सकती है। इससे अधिक माँगना लोभ माना जायेगा।"

धृतराष्ट्र ने युधिष्ठिर से दुर्योधन की धृष्टता को भूल जाने को कहा तथा उनका सब कुछ वापस कर दिया, साथ ही उन्हें खांडव वन में जाकर अपना राज्य भोगने की अनुमति दी।

पुनः धुतक्रीड़ा तथा पांडवों को तेरह वर्ष का वनवास

धृतराष्ट्र ने उनके खांडववन जाने से पूर्व, दुर्योधन की प्रेरणा से, उन्हें एक बार फिर से जुआ खेलने की आज्ञा दी। यह तय हुआ कि एक ही दांव रखा जायेगा। पांडव अथवा धृतराष्ट्र पुत्रों में से जो भी हार जायेंगे, वे मृगचर्म धारण कर बारह वर्ष वनवास करेंगे और एक वर्ष अज्ञातवास में रहेंगे। उस एक वर्ष में यदि उन्हें पहचान लिया गया तो फिर से बारह वर्ष का वनवास भोगना होगा। भीष्म, विदुर, द्रोण आदि के रोकने पर भी धुतक्रीड़ा हुई। इस बार भी दुर्योधन की ओर से शकुनि ने पासा फेंका जिसमें पांडव हार गये, छली शकुनि जीत गया। शर्त के अनुसार युधिष्ठिर तेरह वर्ष वनवास जाने के लिए विवश हुए और राज्य भी उनके हाथ से जाता रहा।

वनगमन से पूर्व पांडवों ने शपथ ली कि वे समस्त शत्रुओं का नाश करके ही चैन की सांस लेंगे। श्रीधौम्य (पुरोहित) के नेतृत्व में पांडवों ने द्रौपदी को साथ ले वन के लिए प्रस्थान किया। श्रीधौम्य साम मन्त्रों का गान करते हुए आगे की ओर बढ़े। वे कहकर गये थे कि युद्ध में कौरवों के मारे जाने पर उनके पुरोहित भी इसी प्रकार साम गान करेंगे। युधिष्ठिर ने अपना मुंह ढका हुआ था (वे अपने क्रुद्ध नेत्रों से देखकर किसी को भस्म नहीं करना चाहते थे), भीम अपने बाहु की ओर देख रहा था (अपने बाहुबल को स्मरण कर रहा था), अर्जुन रेत बिखेरता जा रहा था (ऐसे ही भावी संग्राम में वह बाणों की वर्षा करेगा), सहदेव ने मुंह पर मिट्टी मली हुई थी।

(दुर्दिन में कोई पहचान न ले), नकुल ने बदन पर मिट्टी मल रखी थी (कोई नारी उसके रूप पर आसक्त न हो), द्रौपदी ने बाल खोले हुए थे,उन्हीं से मुंह ढककर विलाप कर रही थी। जिस अन्याय से उसकी वह दशा हुई थी, तेरह वर्ष बाद उसके परिणाम स्वरूप शत्रु-नारियों की भी वही दशा होगी, वे अपने सगे-संबंधियों को तिलांजलि देंगी।

10

वनवास की आग ने और मजबूत किया प्रतिज्ञा को

पाण्डवगण दुर्योधन से अपमानित होकर हस्तिनापुर के वर्द्धमानपुर वाले द्वार से निकल कर उत्तर दिशा की ओर प्रस्थान करने लगे। हस्तिनापुर की प्रजा भी रोती-बिलखती उनके पीछे-पीछे चल रही थी। जब प्रजा उनके साथ बहुत दूर तक आ गई तो अत्यन्त कठिनाई से युधिष्ठिर ने उन्हें समझा-बुझा कर नगर वापस भेजा। सन्ध्याकाल तक वे काम्यक वन में गंगा के तट तक पहुँच गये। रात्रि उन्होंने गंगा तट पर ही एक विशाल वट वृक्ष के नीचे व्यतीत की।

प्रातःकाल होने पर यधिष्ठिर की भेंट शौनक ऋषि से हुई। शौनक ऋषि ने युधिष्ठिर से कहा, "हे धर्मराज! मैं जानता हूँ कि आप लोग बारह वर्ष के वनवास तथा एक वर्ष के अज्ञातवास के लिये निकले हैं। इस अवधि को सुगम बनाने के लिये मेरी सलाह है कि आप भगवान सूर्य की उपासना करें।" इतना कह कर वे चले गये।

धर्मराज युधिष्ठिर ने पुरोहित धौम्य से सूर्य के एक सौ आठ नामों का वर्णन करते हुये सूर्योपासना की विधि सीखी और सफलतापूर्वक भगवान सूर्य की आराधना की। उनकी उपासना से प्रसन्न हो कर भगवान सूर्य ने उन्हें दर्शन दिये और कहा, "हे पाण्डवश्रेष्ठ! तुमने मेरी अति उत्तम उपासना की है। तुम्हारी उपासना से प्रसन्न होकर मैं तुम्हें यह अक्षयपात्र प्रदान कर रहा हूँ। इस अक्षयपात्र से तुम्हारी गृहणी

समस्त प्रकार के भोज्य पदार्थ प्राप्त कर पायेगी, जिससे वह ब्राह्मणों, भिक्षुकों आदि को भोजन कराने के पश्चात् तुम लोगों की क्षुधा शांत करने में सर्वदा समर्थ रहेगी। किन्तु द्रौपदी के भोजन कर लेने के पश्चात् इस पात्र की क्षमता दूसरे दिन तक समाप्त हो जाया करेगी तथा दूसरे दिन इस पात्र की भोजन प्रदान करने की क्षमता पुनः वापस आ जाया करेगी।" इतना कहकर सूर्य नारायण ने युधिष्ठिर को ताम्र से बना वह अक्षयपात्र प्रदान किया और अन्तर्ध्यान हो गये।

इधर पाण्डवों के वनगमन के पश्चात् धृतराष्ट्र को बड़ी व्याकुलता हुई। धृतराष्ट्र पाण्डवों की भलाई तो चाहते थे किन्तु उनका मोह अपने दुष्ट, अन्यायी तथा अत्याचारी पुत्रों के प्रति अधिक था और वे सदा दुर्योधन के वश में रहते थे। इस प्रकार की मनोस्थिति के कारण धृतराष्ट्र की बुद्धि कभी स्थिर न हो पाती थी। उन्होंने विदुर को बुला कर कहा, "विदुर! क्या कोई ऐसा उपाय नहीं है जिससे कौरवों और पाण्डवों में मित्रता हो जाये?"

विदुर ने उत्तर दिया, "धर्म और न्याय के आचरण से ही अर्थ, धर्म,काम और मोक्ष चारों फल प्राप्त होते हैं। किन्तु आपके पुत्र अधर्मी और अन्यायी हैं, इसलिये पाप से मुक्ति प्राप्त करने का एक मात्र उपाय है कि आप पाण्डवों को पुनः वापस बुलवा कर उन्हें उनका राज्य सम्मान के साथ लौटा दें। दुष्ट शकुनि को गान्धार वापस भेज दें और यदि दुर्योधन आपकी आज्ञा की अवहेलना करे तो उसे भी बन्दीगृह में डाल दीजिये।"

विदुर के वचनों को सुन कर धृतराष्ट्र क्रोधित होकर बोले, "विदुर! तुम सदैव पाण्डवों के हित और मेरे पुत्रों के अनिष्ट की बातें करते हो। दूर हो जाओ मेरी दृष्टि से।"

धृतराष्ट्र के कठोर वचन सुन कर विदुर वहाँ से वन में पाण्डवों के पास आ गये। पाण्डवगण सदैव विदुर को पूज्य, सम्माननीय तथा अपना हित चिन्तक समझते थे और उनकी नीतियुक्त वचनों का पालन किया करते थे। विदुर ने युधिष्ठिर से कहा, "वत्स! मैं चाहता हूँ कि तुम सभी भाइयों में परस्पर प्रेम तथा एकता सदैव बनी रहे क्योंकि इसी के बल पर तुम अपने शत्रुओं पर विजय प्राप्त कर सकोगे।" युधिष्ठिर ने हाथ जोड़कर उनके इस उपदेश को स्वीकार किया।

विदुर को कठोर वचन कहने के कुछ दिनों के बाद धृतराष्ट्र को अपने व्यवहार पर पश्चाताप हुआ और उन्होंने संजय के द्वारा विदुर को वन से वापस बुलवाकर कहा, "विदुर! क्या करूँ, मैं अपने पुत्रमोह को अत्यन्त प्रयास करने के पश्चात् भी नहीं छोड़ सकता और न ही तुम्हारे बिना जीवित रह सकता हूँ। मुझे अपने कहे गये कठोर

वचनों के लिये अत्यन्त दुःख है।” धृतराष्ट्र के पश्चाताप को देखकर विदुर ने उन्हें क्षमा कर दिया।

इधर पाण्डवों को वन में निरीह, निहत्था तथा सेना रहित जानकर कौरवों ने उन्हें मार डालने की योजना बना कर एक विशाल सेना का संगठन कर लिया और पाण्डवों से युद्ध करने का अवसर खोजने लगे। दुर्योधन द्वारा तैयार किये गये इस योजना में उनके परम मित्र कर्ण का भी समर्थन था।

योगबल से उनकी योजना के विषय में वेदव्यास को ज्ञात हो गया और धृतराष्ट्र के पास आकर उन्होंने कहा, “धृतराष्ट्र! तुम्हारे पुत्रगण पाण्डवों को वन में मार डालने की योजना बना चुके हैं। आप उन्हें रोकें अन्यथा कौरवों का शीघ्र नाश हो जायेगा।” इस पर धृतराष्ट्र बोले, “हे महर्षि! उस दुर्बुद्धि दुर्योधन को आप ही समझायें।” वेदव्यास ने उत्तर दिया, “वत्स! मैं तुम्हारे अन्यायी और अत्याचारी पुत्रों का मुख नहीं देखना चाहता, अतः मैं जा रहा हूँ। अभी यहाँ पर मैत्रेय ऋषि आने वाले हैं। तुम उन्हीं से प्रार्थना करना कि वे तुम्हारे पुत्रों को समझायें।”

कुछ काल पश्चात् मैत्रेय ऋषि वहाँ पधारे। धृतराष्ट्र के द्वारा यथोचित सत्कार प्राप्त करने के पश्चात् वे बोले, “राजन! मैं अभी पाण्डवों से भेंट कर के आ रहा हूँ। वहाँ तुम्हारे पुत्रों के द्वारा किये हुये अन्याय और अत्याचार की बात सुनी। भीष्म, द्रोण एवं तुम्हारे जैसे गुरुजनों के होते हुये पाण्डवों के साथ अन्याय हुआ वह कदापि उचित नहीं हुआ।” फिर धृतराष्ट्र की प्रार्थना पर वे दुर्योधन को समझाते हुये बोले, “दुर्योधन! तुम मेरी सलाह मान कर पाण्डवों से सन्धि कर लो और अपने कुल की रक्षा करो।” मैत्रेय ऋषि के वचनों को मानना तो दूर, दुर्योधन उनकी बातें सुन कर जोर-जोर से हँसने लगा और अपनी जंघा ठोंक ठोंक कर उनका उपहास करने लगा।

दुर्योधन की असभ्यता से मैत्रेय ऋषि क्रोधित हो उठे और बोले, “रे दुष्ट! तू अपनी जंघा ठोंक ठोंक कर मेरा अपमान कर रहा है। मैं तुझे शाप देता हूँ कि युद्ध में भीम तेरी इसी जंघा को अपनी गदा से तोड़कर तुझे और तेरे भाइयों को यमलोक पहुँचायेगा।”

इतना कहकर मैत्रेय जी वहाँ से प्रस्थान करने के लिये उठ खड़े हुये। यह देख कर धृतराष्ट्र उनके चरणों में गिर पड़े और अपने पुत्र के अपराध को क्षमा करने की प्रार्थना करने लगे। उनकी इस प्रार्थना पर मैत्रेय ऋषि ने कहा, “धृतराष्ट्र! यदि तुम्हारा पुत्र पाण्डवों से सन्धि कर लेगा तो मेरे शाप का प्रभाव समाप्त हो जायेगा अन्यथा मेरे शाप को पूर्ण होने से कोई नहीं रोक सकता।” इतना कहकर मैत्रेय ऋषि वहाँ से चले गये।

पाण्डवों के वन जाने का समाचार जब द्रुपद, वृष्णि, अन्धक आदि सगे सम्बंधियों को मिला तो उनके क्रोध का पारावार न रहा। वे सभी राजागण काम्यक वन में पाण्डवों से भेंट करने आये,-उनके साथ वहाँ श्री कृष्ण भी पधारे। उन्होंने एक साथ मिल कर कौरवों पर आक्रमण कर देने की योजना बनाई किन्तु युधिष्ठिर ने उन्हें समझाया, "हे नरेशों! कौरवों ने तेरह वर्ष पश्चात् हमें अपना राज्य लौटा देने का वचन दिया है, अतएव आप लोगों का कौरवों पर इस प्रकार आक्रमण करना कदापि उचित नहीं है।" युधिष्ठिर के वचनों को सुन कर उन्होंने कौरवों पर आक्रमण का विचार त्याग दिया, किन्तु श्री कृष्ण ने प्रतिज्ञा की कि वे भीमसेन और अर्जुन के द्वारा कौरवों का नाश करवा के ही रहेंगे।

उन सबके प्रस्थान के बाद उनसे मिलने के लिये वेदव्यास आये। पाण्डवों ने उन्हें यथोचित सम्मान तथा उच्चासन प्रदान किया वेदव्यास जी ने पाण्डवों के कष्ट निवारणार्थ उन्हें प्रति-स्मृति नामक विद्या सिखाई। एक दिन मार्कण्डेय ऋषि भी पाण्डवों के यहाँ पधारे और उनके द्वारा किये गये आदर-सत्कार से प्रसन्न होकर उन्हें अपना राज्य वापस पाने का आशीर्वाद दिया।

इस प्रकार ऋषि मुनियों के आशीर्वाद एवं वरदान से पाण्डवों का आत्मबल बढ़ता गया। बड़े भाई युधिष्ठिर के कारण भीम और अर्जुन शान्त थे किन्तु कौरवों का वध करने के अपने संकल्प को वे एक पल के लिये भी नहीं भुलाते थे और अनेक प्रकार से अपनी शक्ति और संगठन को बढ़ाने के प्रयास में जुटे रहते थे। पांचाली भी भरी सभा में किये गये अपने अपमान को एक क्षण के लिये भी विस्मृत नहीं कर पा रही थीं और भीम और अर्जुन के क्रोधाग्नि में घृत डालने का कार्य करती रहती थीं।

11

भीम द्वारा जयद्रथ की दुर्गति

एक बार पाँचों पाण्डव आवश्यक कार्यवश बाहर गये हुये थे। आश्रम में केवल द्रौपदी, उसकी एक दासी और पुरोहित धौम्य ही थे। उसी समय सिन्धु देश का राजा जयद्रथ, जो विवाह की इच्छा से शाल्व देश जा रहा था, उधर से निकला। अचानक आश्रम के द्वार पर खड़ी द्रौपदी पर उसकी दृष्टि पड़ी और वह उस पर मुग्ध हो उठा। उसने अपनी सेना को वहीं रोक कर अपने मित्र कोटिकास्य से कहा, "कोटिक! तनिक जाकर पता लगाओ कि यह सर्वांग सुन्दरी कौन है? यदि यह स्त्री मुझे मिल जाए तो फिर मुझे विवाह के लिए शाल्व देश जाने की क्या आवश्यकता है?"

मित्र की बात सुनकर कोटिकास्य द्रौपदी के पास पहुँचा और बोला, "हे कल्याणी! आप कौन हैं? कहीं आप कोई अप्सरा या देवकन्या तो नहीं हैं?"

द्रौपदी ने उत्तर दिया, "मैं जग विख्यात पाँचों पाण्डवों की पत्नी द्रौपदी हूँ। मेरे पति अभी आने ही वाले हैं अतः आप लोग उनका आतिथ्य सेवा स्वीकार करके यहाँ से प्रस्थान करें। आप लोगों से प्रार्थना है कि उनके आने तक आप लोग कुटी के बाहर विश्राम करें। मैं आप लोगों के भोजन का प्रबन्ध करती हूँ।"

कोटिकास्य ने जयद्रथ के पास जाकर द्रौपदी का परिचय दिया। परिचय जानने पर जयद्रथ ने द्रौपदी के पास जाकर कहा, "हे द्रौपदी! तुम उन लोगों की पत्नी हो जो वन में मारे-मारे फिरते हैं और तुम्हें किसी भी प्रकार का सुख-वैभव प्रदान नहीं कर पाते। तुम पाण्डवों को त्याग कर मुझसे विवाह कर लो और सम्पूर्ण सिन्धु तथा सौबीर देश का राज्यसुख भोगो।"

जयद्रथ के वचनों को सुन कर द्रौपदी ने उसे बहुत धिक्कारा किन्तु कामान्ध जयद्रथ पर उसके धिक्कार का कोई प्रभाव नहीं पड़ा और उसने द्रौपदी को शक्तिपूर्वक खींचकर अपने रथ में बैठा लिया। गुरु धौम्य द्रौपदी की रक्षा के लिये आये तो उसे जयद्रथ ने उसे वहीं भूमि पर पटक दिया और अपना रथ वहाँ से भगाने लगा।

द्रौपदी रथ में विलाप कर रही थी और गुरु धौम्य पाण्डवों को पुकारते हुये रथ के पीछे-पीछे दौड़ रहे थे। कुछ समय पश्चात् जब पाण्डवगण वापस लौटे तो रोते-कलपते दासी ने उन्हें सारा वृतान्त कह सुनाया। सब कुछ जानने पर पाण्डवों

ने जयद्रथ का पीछा किया और शीघ्र ही उसकी सेना सहित उसे घेर लिया। दोनों पक्षों में घोर युद्ध होने लगा। पाण्डवों के पराक्रम से जयद्रथ के सब भाई और कोटिकास्य मारे गये तथा उसकी सेना रणभूमि छोड़ कर भाग निकली। सहदेव ने द्रौपदी सहित जयद्रथ के रथ पर अधिकार जमा लिया। जयद्रथ अपनी सेना को भागती देख कर स्वयं भी पैदल ही भागने लगा। सहदेव को छोड़कर शेष पाण्डव भागते हुये जयद्रथ का पीछा करने लगे।

भीम तथा अर्जुन ने लपक कर जयद्रथ को आगे से घेर लिया और उसकी चोटी पकड़ ली। फिर क्रोध में आकर भीम ने उसे पृथ्वी पर पटक दिया और लात घूँसों से उसकी मरम्मत करने लगे।

जब भीम की मार से जयद्रथ अधमरा हो गया तो अर्जुन ने कहा, "भैया भीम! इसे प्राणहीन मत करो, इसे इसके कर्मों का दण्ड हमारे बड़े भाई युधिष्ठिर देंगे।"

तीनों युधिष्ठर के पास आये। भीम ने क्रोधित होकर कहा इस आततायी को अभी तुरन्त मार डालना चाहिए। अर्जुन ने भी भीम के प्रस्ताव का समर्थन किया। किंन्तु धर्मराज युधिष्ठिर ने दोनों भाईयों को शान्त करते हुए कहा इस नीच ने द्रौपदी के चरणों में अपराध किया किया है। इसलिए द्रौपदी से पूछकर ही इसे उचित दण्ड देना चाहिए।

द्रौपदी ने गम्भीर होकर कहा, "जैसा भी हो इसने भयंकर अपराध तो किया है, किन्तु यह आप लोगों की बहन का पति है। मैं अपनी ननद को विधवा होकर सारा जीवन रोते हुए नहीं देखना चाहती। इसे छोड़ देना ही उचित है।"

किन्तु भीम उसे मार ही डालना चाहते थे। अन्त में यह निश्चित हुआ कि किसी सम्माननीय व्यक्ति का अपमान करना भी मृत्यु के समान है। इसलिए इसका सिर मुण्डन कर दिया जाये और पाँच चोटियाँ रख दी जाएँ, उसी प्रकार ही मूँछ मुड़कार दाढ़ी रख दी जाये और उसे छोड़ दिया जाये। अन्त में अर्जुन ने वैसे ही मुण्डनकर एवं मूँछ काटकर अपमानित कर उसे छोड़ दिया।

जयद्रथ घोर अपमानित होकर चला गया और पाण्डवों का वध करने के लिए घोर तपस्या करने लगा। उसकी तपस्या से प्रसन्न होकर शंकर जी ने उसे वर माँगने के लिये कहा। इस पर जयद्रथ बोला, "भगवान! मैं युद्ध में पाँचों पाण्डवों पर विजय प्राप्त करने का वर माँगता हूँ।"

इस पर भगवान शंकर ने अपनी असमर्थता प्रकट करते हुये जयद्रथ से कहा, "हे जयद्रथ! पाण्डव अजेय हैं और ऐसा होना असम्भव है। श्री कृष्ण नारायण के और अर्जुन नर के अवतार हैं। मैं अर्जुन को त्रिलोक विजय प्राप्त करने का वर

एवं पाशुपात्यस्त्र पहले ही प्रदान कर चुका हूँ। हाँ, तुम अर्जुन की अनुपस्थिति में एक बार शेष पाण्डवों को अवश्य पीछे हटा सकते हो।" इतना कहकर भगवान शंकर वहाँ से अन्तर्ध्यान हो गये और मन्दबुद्धि जयद्रथ भी अपने राज्य में वापस लौट आया।

12

जब द्रौपदी के साथ भीम युधिष्ठिर का अपमान करने लगे

अर्जुन जब अस्त्र प्राप्त के लिये इन्द्रलोक चले गये, तब पाण्डव काम्यक वन में निवास कर रहे थे। वे राज्य के नाश और अर्जुन के वियोग से बड़े ही दुःखी हो रहे थे। एक दिन की बात है, पाण्डव और द्रौपदी इसी सम्बन्ध में कुछ चर्चा कर रहे थे। ऐसे समय में पवन से उत्पन्न महाबली भीम और हवन अग्नि से उत्पन्न पांचाली युधिष्ठिर का विरोध करती हैं।

दोनों चाहते हैं कि युधिष्ठिर कौरवों के प्रति युद्ध की घोषणा करें लेकिन युधिष्ठिर शांति की वकालत करते हैं। द्रौपदी कहती है कौरवों के प्रति क्षमा धारण करने का कोई काल अब नहीं रह गया। और तेज प्रकट करने का काल आने पर आपके लिए उचित है कि आप तेज ही प्रकट करें।

धर्मराज युधिष्ठिर शांतिपूर्वक द्रौपदी की भर्त्सना तथा उसका परामर्श सुन लेते हैं। तब वे द्रौपदी के उद्बोधन के लिए तेज और क्रोध के बीच भेद बतलाते हैं। वे कहते हैं पण्डितगण जिस मनुष्य को तेजस्वी कहते हैं उसके अंतर में क्रोध का आविर्भाव नहीं होता। यह बात तो सुनिश्चित है।

अन्तर में आविर्भूत क्रोध को जो मनुष्य विवेक द्वारा रूद्ध कर देते हैं, उसी मनुष्य को तत्वदर्शी विद्वान लोग तेजस्वी मानते हैं। क्रोध के आविष्ट में मनुष्य

भली-भांति यह नहीं समझ पाता कि कौन सा काम करने योग्य है। और क्रुद्ध मनुष्य न करने योग्य काम को भी नहीं देख पाता।

क्रोध के आविष्ट मनुष्य जिन लोगों पर क्रोध करता है वे सब उसी के समान प्रतिक्रुद्ध हो उठते हैं। मार खाने वाला मनुष्य प्रत्युत्तर में मारने लगता है। और जिस मनुष्य के प्रति हिंसा होती है, वह भी प्रत्युत्तर में हिंसारत हो जाता है।

"तब पिता अपने पुत्रों को मारने लग जाते हैं, और पुत्र अपने पिताओं को पति अपनी पत्नियों को मारने लग जाते हैं, और पत्नियां अपने पतियों को" कृष्णे! इस प्रकार समस्त संसार के कुपित हो उठने पर कहीं भी शांति नहीं रह जाती।

धर्मराज युधिष्ठिर भीमसेन को समझा ही रहे थे कि महर्षि बृहदश्व उनके आश्रम में आते हुए दीख पड़े। महर्षि बृहदश्व को आते देखकर धर्मराज युधिष्ठिर ने आगे जाकर शास्त्र विधि के अनुसार उनकी पूजा की, आसन पर बैठाया। उनके विश्राम कर लेने पर युधिष्ठिर उनसे अपना वृतान्त कहने लगे । उन्होंने कहा, "महाराज ! कौरवों ने कपट-बुद्धि से मुझे बुलाकर छलके साथ जूआ खेला और मुझ अनजान को हराकर मेरा सर्वस्व छीन लिया । इतना ही नहीं, उन्होंने मेरी प्राणप्रिया द्रौपदी को घसीटकर भरी सभा में अपमानित किया । उन्होंने अन्त में हमें काला मृगछाला ओड़ाकर घोर वन में भेज दिया । महर्षे ! आप ही बतलाइये कि इस पृथ्वी पर मुझ-सा भाग्यहीन राजा और कौन है ! क्या आपने मेरे जैसा दुःखी और कहीं देखा या सुना है?"

महर्षि बृहदश्व ने कहा - "धर्मराज! आपका यह कहना ठीक नहीं है, क्योंकि मैं तुमसे भी अधिक दुःखी और मन्दभाग्य राजा का वृतान्त जानता हूँ । तुम्हारी इच्छा हो तो मैं सुनाऊँ। धर्मराज युधिष्ठिर के आग्रह करने पर महर्षि बृहदश्व ने कहना प्रारम्भ किया।

"धर्मराज! निषध देश में वीरसेन के पुत्र नल नाम के एक राजा हो चुके हैं। वे बड़े गुणवान् , परम सुन्दर, सत्यवादी, जितेन्द्रिय, सबके प्रिय, वेदज्ञ एवं ब्राह्मणभक्त थे। उनकी सेना बहुत बड़ी थी। वे स्वयं अस्त्रविद्या में बहुत निपुण थे। वे वीर, योद्धा, उदार और प्रबल पराक्रमी भी थे। उन्हें जुआ खेलने का भी कुछ-कुछ शौक था। उन्हीं दिनों विदर्भ देश में भीम नामक राजा राज्य करते थे। वे भी नल के समान सर्वगुण सम्पन्न व पराक्रमी थे। उन्होंने दमन नामक ब्रह्मर्षि को प्रसन्न कर वरदान प्राप्त किया जिसके फलस्वरूप उसे तीन पुत्र -दम, दान्त तथा दमन और एक

कन्या दमयंती की प्राप्ति हुई। दमयन्ती लक्ष्मी के समान रूपवती थी । उसके नेत्र विशाल थे। देवताओं और यक्षों में भी वैसी सुन्दरी कन्या कहीं देखने में नहीं आती थी।

उन दिनों कितने ही लोग विदर्भ से निषध देश में आकर राजा नल के सामने दमयन्ती के गुणों का बखान करते। निषध देश से विदर्भ में जाने वाले भी दमयन्ती के सामने राजा नल के रूप, गुण और पवित्र चरित्र का वर्णन करते। इससे दोनों के हृदय में पारस्परिक अनुराग अंकुरित हो गया।

एक दिन राजा नल ने अपने महल के उद्यान में कुछ हंसों को देखा। उन्होंने एक हंस को पकड़ लिया। हंस ने कहा - 'आप मुझे छोड़ दीजिये तो हम लोग दमयन्ती के पास जाकर आपके गुणों का ऐसा वर्णन करेंगे कि वह आपको अवश्य-अवश्य वर लेगी।' नल ने हंस को छोड़ दिया। वे सब उड़कर विदर्भ देश में गये। हंसों ने दमयन्ती के पास जाकर राजा नल के गुणों का बखान किया तथा कहा कि यदि तुम राजा नल की पत्नी हो जाओ तो तुम्हारा जन्म और रूप दोनों सफल हो जायें। जैसे तुम स्त्रियों में रत्न हो, वैसे ही राजा नल पुरुषों में भूषण है। तुम दोनों की जोड़ी बहुत ही सुन्दर होगी। दमयन्ती ने कहा- हंस! तुम नल से भी ऐसी ही बात कहना। हंस ने निषध देश में लौटकर नल से दमयन्ती का संदेश कह दिया।

दमयन्ती हंस के मुँह से राजा नल की कीर्ति सुनकर उनसे प्रेम करने लगी। उसकी आसक्ति इतनी बढ़ गयी कि वह रात-दिन उनका ही ध्यान करती रहती। शरीर धूमिल और दुबला हो गया। वह दीन-सी दीखने लगी। सखियों ने दमयन्ती के हृदय का भाव ताड़कर विदर्भराज से निवेदन किया कि 'आपकी पुत्री अस्वस्थ हो गयी है।' राजा भीम ने अपनी पुत्री के सम्बन्ध में बड़ा विचार किया। अन्त में वह इस निर्णय पर पहुँचा कि मेरी पुत्री विवाह योग्य हो गयी है, इसलिये इसका स्वयंवर कर देना चाहिये। उन्होंने सब राजाओं को स्वयंवर का निमन्त्रण-पत्र भेज दिया और सूचित कर दिया कि राजाओं को दमयन्ती के स्वयंवर में पधारकर लाभ उठाना चाहिये और मेरा मनोरथ पूर्ण करना चाहिये। देश-देश के नरपति हाथी, घोड़े और रथों की ध्वनि से पृथ्वी को मुखरित करते हुए सज-धज कर विदर्भ देश में पहुँचने लगे। भीम ने सबके स्वागत सत्कार की समुचित व्यवस्था की।

निषध देश के राजा नल ने भी इस स्वयंवर के लिये प्रस्थान किया। उधर देवलोक से राजा इन्द्र, वरुण, अग्नि तथा यम - देवता भी 'दमयन्ती' को प्राप्त करने

के लिये चल दिये। देवताओं को भली-भाँति विदित था कि दमयन्ती, राजा 'नल' को चाहती है।

स्वयंवर के लिए आते समय मार्ग में सूर्य के समान कीर्तिवान अति-सुन्दर राजा 'नल' के तेज को देखकर देवतागण आश्चर्यचकित रह गये। मध्य-मार्ग में ही वे राजा नल के पास गये और बोले कि राजन! सुना है आपकी सत्यवृत्ति की पताका आकाश में लहराती है। क्या इस स्वयंवर में आप हमारी सहायता के लिये हमारा दूत बनना स्वीकार करेंगे? राजा नल ने देवताओं का आग्रह स्वीकार कर लिया।

देवताओं ने राजा की परीक्षा लेते हुए कहा कि हे राजन! आप हमारे दूत के रूप में दमयन्ती से जाकर कहिए कि हम लोग उससे विवाह करना चाहते हैं। अतः हम में से वह किसी को भी अपना पति चुन ले। राजा नल ने नम्रता - पूर्वक कहा कि हे देवलोक वासियों! आप लोग जिस उद्देश्य से दमयन्ती के पास जा रहे हैं, उसी उद्देश्य से मैं भी उसके पास जा रहा हूँ अतः वहाँ मेरा, आपका दूत बनकर जाना उचित नहीं है। देवतागण कहने लगे कि हे राजन! आप पहले ही हमारा दूत बनना स्वीकार कर चुके हैं। अतः अब आप अपनी मर्यादा को तजकर अपना वचन असत्य ना करें। राजा नल को देवताओं का आग्रह स्वीकार करना पड़ा। साथ ही साथ इन्द्र ने राजा नल को वरदान दिया कि दमयन्ती-स्वयंवर में प्रविष्ट होते समय आपको द्वारपाल आदि भी न देख सकेंगे, इससे आप सहज ही राजमहल में प्रवेश कर जायेंगे।

तत्पश्चात् राजा नल, दमयन्ती के भवन में पहुँच गये। दमयन्ती तथा उसकी सखियाँ परम-सुन्दर युवा-पुरुष को अपने समीप आया देखकर आश्चर्य-चकित रह गयीं। वो अपनी सुध-बुध ही खो बैठीं। राजा नल ने दमयन्ती से अपना परिचय देकर कहा कि हे देवी! मैं इन्द्र, वरुण, यम और अग्नि-देवता का दूत बनकर आपके पास आया हूँ।

ये देवतागण आपसे विवाह करना चाहते हैं, अतः आप इनमें से किसी को भी अपना 'वर' चुन सकती हैं। दमयन्ती ने राजा नल का परिचय पाकर कहा कि हे नरेन्द्र! मैं तो पहले ही अपने मन में आपको अपना 'वर' मान चुकी हूँ। मैंने आपके चरणों में अपना सर्वस्व समर्पित कर दिया है। अतः कृपया अब आप अपनी इस तुच्छ दासी को, अपने चरणों में स्थान दीजिये। यदि आप मुझे स्वीकार नहीं करेंगे तो मैं विष खाकर या आग में जलकर अथवा जल में डूबकर या फिर फांसी लगाकर अपने प्राण त्याग दूंगी।

राजा नल ने बड़ी सच्चाई से 'दूत' के कर्तव्य का पालन किया। वो अपने कर्तव्य पर अडिग रहे। यद्यपि वे स्वयं दमयन्ती को चाहते थे, फिर भी उन्होंने देवगणों के ऐश्वर्य, प्रभाव आदि का वर्णन करके दमयन्ती को समझाने का पूर्ण प्रयत्न किया। लेकिन दमयन्ती स्वर्ग के ऐश्वर्य तथा मरीचिका से तनिक भी प्रभावित नहीं हुई। राजा नल ने कहा, "हे देवी! देवताओं को छोड़कर आपका मुझ मनुष्य को चाहना, कदापि उचित व तर्क-संगत नहीं है। अतः आप अपना मन उन्हीं में लगाओ। देवताओं को क्रोधित करने से मनुष्य की मृत्यु भी हो जाती है। अतः आपको मेरी बात मान लेनी चाहिए।"

यह सुनकर दमयन्ती डर गयी और उसके नेत्रों से अश्रुधरा प्रवाहित होने लगी। दमयन्ती कहने लगी कि हे राजन! मैं देवताओं को नतमस्तक होकर, मन में आपको ही अपना पति मानती हूँ। अब कोई दूसरा उपाय सोचने योग्य नहीं रहा। फिर भी राजा नल ने दमयन्ती को स्वयंवर में देवताओं को ही अपना वर चुनने का परामर्श दिया तथा वहाँ से विदा ली। लौटकर देवताओं को राजा नल ने समस्त वृतान्त कह सुनाया।

स्वयंवर की सभा प्रारम्भ होने पर चारों देवता राजा नल के समान अपना 'रूप' धारण करके, राजा नल के पास बैठ गए। जब दमयन्ती वरमाला लेकर स्वयंवर-सभा में आयी तथा उसने राजा नल के समान पाँच पुरुषों को पदासीन देखा तो वह 'नल' को न पहचान सकी और अत्यन्त सोच में पड़ गई। उसे बड़ा दुःख हुआ। अन्त में उसने इस समस्या के समाधान के लिये देवताओं की शरण में जाने का निश्चय किया। दमयन्ती कहने लगी, "हे परम-पूज्य देवगणों! आपको विदित ही है कि मैं पहले ही मन तथा वाणी से राजा नल को अपना पति-परमेश्वर स्वीकार कर चुकी हूँ।

राजा नल की प्राप्ति के लिये मैं चिरकाल से तप तथा व्रत भी कर रही हूँ। अतः हे भगवान! यदि मैं पतिव्रता हूँ तो मेरे सत्य के प्रताप से देवलोक के देवतागण मुझे मेरे राजा नल के दर्शन करा दें तथा ऐश्वर्यशाली देवतागण भी अपने आपको प्रकट करें, जिससे मैं नरपति नल को पहचान सकूं।" पतिव्रता का तिरस्कार करने का साहस तो देवताओं को भी नहीं होता। दमयन्ती की इस प्रार्थना से प्रसन्न होकर देवताओं ने उसे 'देवता' तथा 'मनुष्य' में भेद करने की शक्ति प्रदान कर दी। उसने देखा कि पाँच में से चार पुरुषों के शरीर पर न तो पसीना है, न धूल है तथा उनके शरीर की 'छाया' पृथ्वी पर नहीं पड़ रही है और वे पृथ्वी को स्पर्श भी नहीं कर रहे हैं व उनकी माला के 'पुष्प' तनिक भी नहीं कुंभला रहे

हैं। दमयन्ती ने सभी देवताओं को पहचान कर उन्हें प्रणाम किया। पाँचवे 'पुरुष' को जिसके शरीर पर कुछ धूल पड़ी थी, कुछ पसीना आ गया था व उसके शरीर की छाया भी पृथ्वी पर पड़ रही थी तथा वह भूमि को स्पर्श भी कर रहा था और उसकी माला के पुष्प कुछ कुंभला गये थे, दमयन्ती ने पहचान लिया कि ये ही राजा नल हैं। उसने तुरन्त उनके कंठ में जयमाला डाल दी। इस प्रकार अपनी दृढ़-निष्ठा तथा पतिव्रता के प्रभाव से, दमयन्ती ने पति रूप में राजा नल को ही प्राप्त किया।

देवताओं ने प्रसन्न होकर नल को आठ वरदान दिये

1. इन्द्र ने वर दिया कि नल को यज्ञ में प्रत्यक्ष दर्शन देंगे, तथा
2. सर्वोत्तम गति प्रदान करेंगे।
3. अग्नि ने वर दिये कि वे नल को अपने समान तेजस्वी लोक प्रदान करेंगे तथा
4. नल जहां चाहे, वे प्रकट हो जायेंगे।
5. यमराज ने पाकशास्त्र में निपुणता तथा
6. धर्म में निष्ठा के वर दिये।
7. वरुण ने नल की इच्छानुसार जल के प्रकट होने तथा
8. उसकी मालाओं में उत्तम गंध-संपन्नता के वर दिये।

देवतागण जब देवलोक की ओर जा रहे थे तब मार्ग में उन्हें कलि और द्वापर साथ-साथ जाते हुए मिले। वे लोग भी दमयंती के स्वयंवर में सम्मिलित होना चाहते थे।

इन्द्र से स्वयंवर में नल के वरण की बात सुनकर कलियुग क्रुद्ध हो उठा, उसने नल को दंड देने के विचार से उसमें प्रवेश करने का निश्चय किया। उसने द्वापर युग से कहा कि वह जुए के पासे में निवास करके उसकी सहायता करे।

कालांतर में नल दमयंती की दो संतानें हुईं। पुत्र का नाम इन्द्रसेन था तथा पुत्री का इन्द्रसेनीं। कलि ने सुअवसर देखकर नल के शरीर में प्रवेश किया तथा दूसरा रूप धारण करके वह पुष्कर के पास गया। पुष्कर नल का भाई लगता था। उसे कलि ने उकसाया कि वह जुए में नल को हराकर समस्त राज्य प्राप्त कर ले। पुष्कर नल के महल में उससे जुआ खेलने लगा। नल ने अपना समस्त वैभव, राज्य इत्यादि जुए पर लगाकर हार गया। हारने के लिए अपनी पत्नी दमयंती के अलावा कुछ भी शेष नहीं बचा।

अपनी पत्नी दमयंती को भी दांव पर लगाने ही वाले थे कि अच्छे विचारों ने उन्हें ऐसा करने से रोक लिया। उन्हें याद आ गया कि यह वहीं दमयंती है जो उनकी

धर्मपत्नी हैं। जब उसके साथ विवाह हुआ था तो आशीर्वाद देने के लिए इन्द्र आदि देवताओं को भी आना पड़ा था। लेकिन जब तक उनके मन में अच्छे विचार आते, तब तक तो वे अपना सर्वस्व खो चुके थें। जुए में सब हारने के बाद अपना भरा-पूरा राजपाट छोड़ कर दमयंती के साथ महल से बाहर निकल गए। दमयंती ने अपने सारथी को बुलाकर दोनों बच्चों को अपने भाई-बंधुओं के पास कुण्डिनपुर (विदर्भ देश में) भेज दिया।

इधर राजा पुष्कर ने अपने नगर में घोषणा कर दी थी कि 'जो कोई राजा नल या उनकी पत्नी दमयंती की किसी भी प्रकार मदद करेगा तो उसे फांसी की सजा दे दी जाएगी।' इसलिए राजा नल की चाह कर भी उनकी प्रजा ने कोई मदद नहीं की। तीन दिनों तक अपने नगर में भूखे-प्यासें भटकने के बाद वे जंगल की ओर चल पड़े। नल और दमयंती एक-एक वस्त्र में राज्य की सीमा से बाहर चले गये।

वे एक जंगल में पहुंचे। वहां बहुत-सी सुंदर चिड़िया बैठी थीं, जिनकी आंखें सोने की थीं। नल ने अपना वस्त्र उतारकर उन चिड़ियों पर डाल दिया ताकि उन्हें पकड़कर उदराग्नि को तृप्त कर सके और उनकी आंखों के स्वर्ण से धनराशि का संचय करे, किंतु चिड़िया उस धोती को ले उड़ीं तथा यह भी कहती गयीं कि वे जुए के पासे थे जिन्होंने चिड़ियों का रूप धारण कर रखा था तथा वे धोती लेने की इच्छा से ही वहां पहुंची थीं।

नग्न नल अत्यंत व्याकुल हो उठा। बहुत थक जाने के कारण जब दमयंती को नींद आ गयी तब नल ने उसकी साड़ी का आधा भाग काटकर धारण कर लिया और उसे जंगल में छोड़कर चला गया।

जंगल में भटकती हुई दमयंती को एक अजगर ने पकड़ लिया। उसका विलाप सुनकर किसी व्याध ने अजगर से तो उसकी प्राण रक्षा कर दी किंतु कामुकता से उसकी ओर बढ़ा। दमयंती ने देवताओं का स्मरण कर कहा कि यदि वह पतिव्रता है तो उसकी सुरक्षा हो जाए। वह व्याध तत्काल भस्म होकर निष्प्राण हो गया। थोड़ी दूर चलने पर दमयंती को एक आश्रम दिखलायी पड़ा। दमयंती ने वहां के तपस्वियों से अपनी दुःख गाथा कह सुनायी और उनसे पूछा कि उन्होंने नल को कहीं देखा तो नहीं है।

वे तपस्वी ज्ञानवृद्ध थे। उन्होंने उसके भावी सुनहरे भविष्य के विषय में बताते हुए कहा कि नल अवश्य ही अपना राज्य फिर से प्राप्त कर लेगा और दमयंती भी उससे शीघ्र ही मिल जायेगी। भविष्यवाणी के उपरांत दमयंती देखती ही रह गयी कि

वह आश्रम, तपस्वी, नदी, पेड़, सभी अंतर्धान हो गये। तदनंतर उसे शुचि नामक व्यापारी के नेतृत्व में जाती हुई एक व्यापार मंडली मिली। वे लोग चेदि राज सुबाहु के जनपद की ओर जा रहे थे। कृपाकांक्षिणी दमयंती को भी वे लोग अपने साथ ले चले। मार्ग में जंगली हाथियों ने उन पर आक्रमण कर दिया। धन, वैभव, जन आदि सभी प्रकार का नाश हुआ।

कई लोगों का मत था कि दमयंती नारी के रूप में कोई मायावी राक्षसी अथवा यक्षिणी रही होगी, उसी की माया से यह सब हुआ। उनके मन्तव्य को जानकर दमयंती का दुःख द्विगुणित हो गया। सुबाहु की राजधानी में भी लोगों ने उसे अन्मत्त समझा क्योंकि वह कितने ही दिनों से बिखरे बाल, धूल से मंडित तन तथा आधी साड़ी में लिपटी देह लिए घूम रही थीं अपने पति की खोज में उसकी दयनीय स्थिति जानकर राजमाता ने उसे आश्रय दिया।

दमयंती ने राजमाता से कहा कि वह उनके आश्रय में किन्हीं शर्तों पर रह सकेगी। वह जूठन नहीं खायेंगी, किसी के पैर नहीं धोयेगी, ब्राह्मण से इतर पुरुषों से बात नहीं करेगी, कोई उसे प्राप्त करने का प्रयत्न करे तो वह दंडनीय होगा। दमयंती ने अपना तथा नल का नामोल्लेख नहीं किया। वहां की राजकुमारी सुनंदा की सखी के रूप में वह वहां रहने लगी। दमयंती के माता-पिता तथा बंधु-बांधव उसे तथा नल को ढूंढ़ निकालने के लिए आतुर थे। उन्होंने अनेक ब्राह्मणों को यह कार्य सौंपा हुआ था।

दमयंती के भाई के मित्र सुदेव नामक ब्राह्मण ने उसे खोज निकाला। सुदैव ने उसके पिता आदि के विषय में बताकर राजमाता उसकी मौसी थी किंतु वे परस्पर पहचान नहीं पायी थीं। दमयंती मौसी की आज्ञा लेकर विदर्भ निवासी बंधु-बांधवों, माता-पिता तथा अपने बच्चों के पास चली गयी। उसके पिता नल की खोज के लिए आकुल हो उठे।

दमयंती को छोड़कर जाते हुए नल ने दावालन में घिरे हुए किसी प्राणी का आर्तनाद सुना वह निर्भीकतापूर्वक अग्नि में घुस गया। अग्नि के मध्य कर्कोटक नामक नाग बैठा था, जिसे नारद ने तब तक जड़वत निश्चेष्ट पड़े रहने का शाप दिया था जब तक राजा नल उसका उद्धार न करे। नाग ने एक अंगूठे के बराबर रूप धारण कर लिया और अग्नि से बाहर निकालने का अनुरोध किया। नल ने उसकी रक्षा की, तदुपरांत कर्कोटक ने नल को डंस लिया, जिससे उसका रंग काला पड़ गया। उसने राजा को बताया कि उसके शरीर में कलि निवास कर रहा है, उसके दुःख का अंत कर्कोटक के विष से ही संभव है। दुःख के दिनों में श्यामवर्ण

प्राप्त राजा को लोग पहचान नहीं पायेंगे। अतः उसने आदेश दिया कि नल बाहुक नाम धर कर इक्ष्वाकु कुल के ऋतुपर्ण नामक अयोध्या के राजा के पास जाये। राजा को अश्वविद्या का रहस्य सिखाकर उससे धुतक्रीड़ा का रहस्य सीख ले। राजा नल को सर्प ने यह वर दिया कि उसे कोई भी दाढ़ी वाला जंतु तथा वेदवेत्ताओं का शाप त्रस्त नहीं कर पायेगा। सर्प ने उसे दो दिव्य वस्त्र भी दिये जिन्हें ओढ़कर वह पूर्व रूप धारण कर सकता था। तदनंतर कर्कोटक अंतर्धान हो गया। नल ऋतुपर्ण के यहाँ गया तथा उसने राजा से निवेदन किया कि उसका नाम बाहुक है और वह पाकशास्त्र, अश्वविद्या तथा विभिन्न शिल्पों का ज्ञाता है। राजा ने उसे अश्वाध्यक्ष के पद पर नियुक्त कर लिया।

विदर्भ राज का पर्णाद नामक ब्राह्मण नल को खोजता हुआ अयोध्या में पहुंचा। विदर्भ देश में लौटकर उसने बताया कि वाहुक नामक सारथी का क्रिया कलाप संदेहास्पद है। वह नल से बहुत मिलता है। दमयंती ने पिता से गोपन रखते हुए मां की अनुमति से सुदेव नामक ब्राह्मण के द्वारा ऋतुपर्ण को कहलाया कि अगले दिन दमयंती का दूसरा स्वयंवर है। अतः वह पहुंचे। ऋतुपर्ण ने बाहुक से सलाह करके विदर्भ देश के लिए प्रस्थान किया। मार्ग में राजा ने बाहुक से कहा कि अमुक पेड़ पर अमुक संख्यक फल हैं। बाहुक वचन की शुद्धता जानने के लिए पेड़ के पास रूक गया तथा उसके समस्त फल गिनकर उसने देखा कि वस्तुतः उतने ही फल हैं। राजा ने बताया कि वह गणित और धुत-विद्या के रहस्य को जानता है। ऋतुपर्ण ने बाहुक को धुत विद्या सिखा दी तथा उसके बदले में अश्व-विद्या उसी के पास धरोहर रूप में रहने दी। बाहुक के धुत विद्या सीखते ही उसके शरीर से कलि युग निकलकर बहेड़े के पेड़ में छिप गया, फिर क्षमा मांगता हुआ अपने घर चला गया। विदर्भ देश में स्वयंवर के कोई चिह्न नहीं थे। ऋतुपर्ण तो विश्राम करने चला गया किंतु दमयंती ने केशिनी के माध्यम से बाहुक की परीक्षा ली। वह स्वेच्छा से जल तथा अग्नि को प्रकट कर सकता था। उसके चलाये रथ की गति वैसी ही थी जैसे राजा नल की हुआ करती थी। बाहुक अपने बच्चों से मिलकर खूब रोया भी था। दमयंती को रूप के अतिरिक्त किसी भी वस्तु में बाहुक तथा नल में विषमता नहीं दीख पड़ रही थी। उसने गुरुजनों की आज्ञा लेकर उसे अपने कक्ष में बुलाया। नल को भली भांति पहचानकर दमयंती ने उसे बताया कि नल को ढूंढ़ने के लिए ही दूसरे स्वयंवर की चर्चा की गयी थी। ऋतुपर्ण को अश्व-विद्या देकर नल ने पुष्कर से पुनः जुआ खेला। उसने दमयंती तथा धन की बाजी लगा दीं पुष्कर संपूर्ण धन धान्य और राज्य हारकर अपने नगर चला गया। नल ने पुनः अपना राज्य प्राप्त किया।

बृहदश्वजी कहते हैं– युधिष्ठिर! तुम्हें भी थोड़े ही दिनों में तुम्हारा राज्य और सगे-सम्बन्धी मिल जायेंगे। राजा नल ने जूआ खेलकर बड़ा भारी दुःख मोल ले लिया था। उसे अकेले ही सब दुःख भोगना पड़ा, परन्तु तुम्हारे साथ तो भाई हैं, द्रौपदी है और बड़े-बड़े विद्वान तथा सदाचारी ब्राह्मण हैं। ऐसी दशा में शोक करने का तो कोई कारण ही नही है। संसार की स्थितियाँ सर्वदा एक-सी नहीं रहती। यह विचार करके भी उनकी अभिवृद्धि और ह्रास से चिन्ता नहीं करनी चाहिये। नागराज कर्कोटक, दमयन्ती, नल और ऋतुपर्ण की यह कथा कहने-सुनने से कलियुग के पापों का नाश होता है और दुःखी मनुष्यों को धैर्य मिलता है।"

13

तीर्थयात्रा

जब अर्जुन इन्द्रपुरी से कई दिनों तक लौटकर नहीं आये तो शेष पाण्डवगण दुःखी होकर उन्हीं के विषय में बातें कर रहे थे कि वहाँ पर लोमश ऋषि पधारे। धर्मराज युधिष्ठिर ने उनका यथोचित आदर-सत्कार करके उच्चासन प्रदान किया।

लोमश ऋषि बोले, "हे पाण्डवगण! आप लोग अर्जुन की चिन्ता छोड़ दीजिये। मैं अभी देवराज इन्द्र की नगरी अमरावती से आ रहा हूँ। अर्जुन वहाँ पर सुखपूर्वक निवास कर रहे हैं। उन्होंने भगवान शिव एवं अन्य देवताओं की कृपा से दिव्य तथा अलौकिक अस्त्र-शस्त्र तथा चित्रसेन से नृत्य-संगीत कला की शिक्षा भी प्राप्त कर लिया है। वे अब निवात और कवच नामक असुरों का वध करके ही यहाँ आयेंगे। देवराज इन्द्र ने आपके लिये यह संदेश भेजा है कि आप पाण्डवगण अब तीर्थयात्रा करके अपने आत्मबल में वृद्धि करें।"

देवराज इन्द्र के दिये गये संदेश के अनुसार युधिष्ठिर अपने भाईयों, पुरोहित धौम्य, लोमश ऋषि आदि को साथ लेकर तीर्थयात्रा के लिये चल पड़े। वे लोग नैमिषारण्य, कन्या-तीर्थ, अश्व-तीर्थ, गौ-तीर्थ आदि में दर्शन-स्नानादि करते हुये अगस्त्य ऋषि के आश्रम आ पहुँचे।

लोमश ऋषि ने उस आश्रम की प्रशंसा करते हुये बताया, "हे धर्मराज! यह अगस्त्य मुनि एवं उनकी धर्मात्मा पत्नी लोपामुद्रा की पवित्र तपस्थली है। एक बार अगस्त्य मुनि यहाँ घूमते हुये पहुँचे तो उन्होंने एक गड्ढे में अपने पूर्वजों को उल्टे लटकते देखा। अगस्त्य मुनि के द्वारा उनके इस प्रकार से लटकने का कारण पूछने

पर पूर्वजों ने बताया कि हे पुत्र! तुम्हारे निःसंतान होने के कारण हमें यह नरक कुण्ड मिला है। इसलिये शीघ्र अपना विवाह कर पुत्र उत्पन्न करो, जिससे हमारा उद्धार हो।

पितृगणों की बात से दुःखी होकर अगस्त्य एक सुयोग्य पत्नी की खोज में निकले और विदर्भ देश की राजकुमारी लोपामुद्रा से विवाह कर लिया। जब अगस्त्य मुनि ने लोपामुद्रा के सौन्दर्य पर मुग्ध होकर पुत्रोत्पत्ति की अभिलाषा से उसे अपने पास आने के लिये कहा तो लोपामुद्रा बोली कि हे स्वामी! मैं राजकुमारी हूँ इसलिये आपका मेरे साथ समागम भी राजोचित ढंग से होना चाहिये। पहले आप धन की व्यवस्था करके मेरे और स्वयं के लिये सुन्दर वस्त्र तथा स्वर्णाभूषण लेकर आइये।

अपनी पत्नी की वाणी से प्रभावित होकर अगस्त्य मुनि धन माँगने के लिये राजा श्रुतर्वा, व्रघ्नश्व तथा इक्ष्वाकुवंशी त्रसदृस्यु के पास गये किन्तु सभी राजाओं का कोष खाली होने के कारण उन राजाओं ने क्षमा प्रार्थना करते हुये अगस्त्य मुनि को धन देने में असमर्थता प्रकट कर दी।

निराश होकर अगस्त्य मुनि इल्वल नामक दैत्य के पास पहुँचे। इल्वल दैत्य ने प्रसन्नता के सा उन्हें मुँहमाँगा धन प्रदान कर दिया। धन प्राप्त करके अगस्त्य मुनि ने अपनी पत्नी की इच्छापूर्ति की और दृढस्यु नामक पुत्र उत्पन्न किया। कालान्तर में यह तीर्थस्थान अगस्त्याश्रम के नाम से प्रसिद्ध हुआ। इसी तीर्थस्थान में स्नान करके परशुराम ने अपना तेज पुनः प्राप्त किया था। इसलिये हे युधिष्ठिर! यहाँ स्नान करके आप दुर्योधन के द्वारा छीने गये अपने तेज को पुनः प्राप्त कीजिये।"

लोमश ऋषि के आदेशानुसार वहाँ स्नान-पूजा आदि करके युधिष्ठिर ने लोमश ऋषि से पूछा, "हे प्रभो! कृपा करके यह बताइये कि परशुराम निस्तेज कैसे हुये थे?" लोमश ऋषि ने उत्तर दिया, "धर्मराज! दशरथनन्दन श्री राम जब शिव जी के धनुष को तोड़कर सीता जी से विवाह कर अपने पिता, भाइयों, बारातीगण आदि के साथ अयोध्या लौट रहे थे तो एक बड़े जोरों की आँधी आई जिससे वृक्ष पृथ्वी पर गिरने लगे। तभी राजा दशरथ की दृष्टि भृगुकुल के परशुराम पर पड़ी। उनकी वेशभूषा बड़ी भयंकर थी। तेजस्वी मुख पर बड़ी बड़ी जटायें बिखरी हुई थीं नेत्रों में क्रोध की लालिमा थी। कन्धे पर कठोर फरसा और हाथों में धनुष बाण थे। ऋषियों ने आगे बढ़कर उनका स्वागत किया और इस स्वागत को स्वीकार करके वे श्री रामचन्द्र से बोले, "दशरथनन्दन राम! हमें ज्ञात हुआ है कि तुम बड़े पराक्रमी हो और तुमने शिव जी के धनुष को तोड़ डाला है और उसे तोड़कर तुमने अपूर्व ख्याति प्राप्त की है। मैं तुम्हारे लिये एक अच्छा धनुष लाया हूँ। यह धनुष साधारण नहीं है, जमदग्निकुमार परशुराम का है। इस पर बाण चढ़ाकर तुम अपने शौर्य का परिचय दो। तुम्हारे बल और शौर्य

को देखकर मैं तुमसे द्वन्द्व युद्ध करूँगा। परशुराम की बात सुनकर राजा दशरथ विनीत स्वर मे बोले, "भगवान! आप वेदविद् स्वाध्यायी ब्राह्मण हैं। क्षत्रियों का विनाश करके आप बहुत पहले ही अपने क्रोध का शमन कर चुके हैं। इसलिये हे ऋषिराज! आप इन बालकों को अभय दान दीजिये।"

किन्तु परशुराम जी ने दशरथ की अनुनय-विनय पर कोई ध्यान न देते हुये राम से कहा, "राम! सम्भवतः तुम्हें ज्ञात नहीं होगा कि संसार में केवल दो ही धनुष सर्वश्रेष्ठ माने जाते हैं। सारा संसार उनका सम्मान करता हैं विश्वकर्मा ने उन्हें स्वयं अपने हाथों से बनाया था। उनमें से पिनाक नामक एक धनुष को देवताओं ने भगवान शिव को दिया था। इसी धनुष से भगवान शिव ने त्रिपुरासुर का वध किया था। तुमने उसी धनुष को तोड़ डाला है। दूसरा दिव्य धनुष मेरे हाथ में है। इसे देवताओं ने भगवान विष्णु को दिया था। यह भी पिनाक की भाँति ही शक्तिशाली है। विष्णु ने भृगुवंशी ऋचीक मुनि को धरोहर के रूप में वह धनुष दे दिया। वंशानुवंश रूप से यह धनुष मुझे प्राप्त हुआ है। अब तुम एक क्षत्रिय के नाते इस धनुष को लेकर इस पर बाण चढ़ाओ और सफल होने पर मेरे साथ द्वन्द्व युद्ध करो।

परशुराम के द्वारा बार-बार ललकारे जाने पर रामचन्द्र बोले, "हे भार्गव! मैं ब्राह्मण समझकर आपके सामने विशेष बोल नहीं रहा हूँ। किन्तु आप मेरी इस विनशीलता को पराक्रमहीनता एवं कायरता समझकर मेरा तिरस्कार कर रहे हैं। लाइये, धनुष बाण मुझे दीजिये।" यह कहकर उन्होंने झपटते हुये परशुराम के हाथ से धनुष बाण ले लिये। फिर धनुष पर बाण चढ़ाकर बोले, "हे भृगुनन्दन! ब्राह्मण होने के कारण आप मेरे पूज्य हैं, इसलिये इस बाण को मैं आपके ऊपर नहीं छोड़ सकता। परन्तु धनुष पर चढ़ने के बाद यह बाण कभी निष्फल नहीं जाता। इसका कहीं न कहीं उपयोग करना ही पड़ता है। इसलिये इस बाण के द्वारा आपकी सर्वत्र शीघ्रतापूर्वक आने-जाने की शक्ति को नष्ट किये देता हूँ।"

श्री राम की यह बात सुनकर शक्तिहीन से हुये परशुराम जी विनयपूर्वक कहने लगे, "बाण छोड़ने से पूर्व मेरी एक बात सुन लीजिये। क्षत्रियों को नष्ट करके जब मैंने यह भूमि कश्यप जी को दान में दी थी तो उन्होंने मुझसे कहा था कि अब तुम्हें पृथ्वी पर नहीं रहना चाहिये क्योंकि तुमने पृथ्वी का दान कर दिया है। तभी से गुरुवर कश्यप जी की आज्ञा का पालन करता हुआ मैं कभी रात्रि में पृथ्वी पर निवास नहीं करता। अतः हे राम! कृपा करके मेरी गमन शक्ति को नष्ट मत करो। मैं मन के समान गति से महेन्द्र पर्वत पर चला जाऊँगा। चूँकि इस बाण का प्रयोग निष्फल

नहीं जाता, इसलिये आप उन अनुपम लोकों को नष्ट कर दें जिन पर मैंने अपनी तपस्या से विजय प्राप्त की है। आपने जिस सरलता से इस धनुष पर बाण चढ़ा दिया है, उससे मुझे विश्वास हो गया है कि आप मधु राक्षस का वध करने वाले साक्षात् विष्णु हैं।"

परशुराम की प्रार्थना को स्वीकार करके राम ने बाण छोड़कर उनके द्वारा तपस्या के बल पर अर्जित किये गये समस्त पुण्यलोकों को नष्ट कर दिया और इससे परशुराम जी निस्तेज हो गये। फिर परशुराम जी तपस्या करने के लिये महेन्द्र पर्वत पर चले गये। वहाँ उपस्थित सभी ऋषि-मुनियों सहित राजा दशरथ ने रामचन्द्र की भूरि-भूरि प्रशंसा की।

पाण्डवगण उत्तराखंड के अनेक मनमोहक दृश्यों को देखते हुये ऋषि आर्ष्टिषेण के आश्रम में आ पहुँचे। उनका यथोचित स्वागत सत्कार करने के पश्चात् महर्षि आर्ष्टिषेण बोले, "हे धर्मराज! आप लोगों को अब गन्धमादन पर्वत से और आगे नहीं जाना चाहिये क्योंकि इसके आगे केवल सिद्ध तथा देवर्षिगण ही जा सकते हैं। अतः आप लोग अब यहीं रहकर अर्जुन के आने की प्रतीक्षा करें।" इस प्रकार पाण्डवों की मण्डली महर्षि आर्ष्टिषेण के आश्रम मेंही रहकर अर्जुन के आगमन की प्रतीक्षा करने लगे। उस प्रतीक्षा-काल में भीम ने वहाँ निवास करने वाले समस्त दुष्टों और राक्षसों का अन्त कर दिया।

उधर जब अर्जुन देवराज की पुरी अमरावती में रह रहे थे तो एक दिन इन्द्र ने उनसे कहा, "हे पार्थ! यहाँ रहकर तुम समस्त अस्त्र-शस्त्रादि विद्याओं गें पारंगत हो चुके हो और तुम्हारे जैसा धनुर्धर इस जगत में कदाचित ही कोई दूसरा होगा। अब तुम मेरे शत्रु निवातकवच नामक दैत्य से युद्ध करके उसका वध करो। यही तुम्हारे लिये गुरुदक्षिणा होगी।" इतना कहने के बाद इन्द्रने अर्जुन को अमोड़ा कवच पहनाकर तथा अपने दिव्य रथ में बिठाकर अर्जुन को निवातकवच के साथ युद्ध के लिये भेज दिया।

उस रथ में बैठकर अर्जुन निवातकवच की नगरी में पहुँचे जो कि समुद्र में बसा था। यह देखकर कि वह नगरी इन्द्र की पुरी अमरावती से भी अधिक मनोरम थी, अर्जुन आश्चर्यचकित रह गये। उनके आश्चर्य का निवारण करने के लिये इन्द्र के सारथी मातलि बोले, "हे अर्जुन! पहले देवराज इन्द्र समस्त देवताओं सहित इसी नगरी में निवास करते थे। किन्तु ब्रह्मा जी से वर प्राप्त कर निवातकवच अत्यन्त प्रबल हो गया और इन्द्र पर विजय प्राप्त कर लिया फलस्वरूप देवराज को इस नगरी को छोड़कर अमरावती में जाना पड़ा।"

मातलि की बात सुनकर अर्जुन ने अपने शंख की ध्वनि से उस नगरी को गुँजा दिया। शंख की ध्वनि सुनकर निवातकवच अपने अस्त्र-शस्त्रों से सुसज्जित होकर अर्जुन से युद्ध करने आ गया। दोनों महारथियों में घोर युद्ध होने लगा और अन्त में अर्जुन के हाथों निवातकवच मारा गया। निवातकवच के वध करके वापस आने पर देवराज इन्द्र ने उनके पराक्रम की भूरि-भूरि प्रशंसा करते हुये कहा, "हे पार्थ! अब यहाँ पर आपका कार्य समाप्त हुआ। आपके भाई गन्धमादन पर्वत पर आपकी प्रतीक्षा कर रहे हैं। चलिये मैं आपको अब उनके पास पहुँचा दूँ।" इस प्रकार अर्जुन देवराज इन्द्र के साथ उनके रथ में बैठकर गन्धमादन पर्वत में अपने भाईयों के पास आ पहुँचे।

धर्मराज युधिष्ठिर ने देवराज इन्द्र का विधिवत् पूजन किया। अर्जुन भी ऋषिगणों, ब्राह्मणों, युधिष्ठिर तथा भीमसेन के चरण स्पर्श करने के पश्चात् नकुल, सहदेव तथा मण्डली के अन्य सदस्यों से गले मिले। इसके पश्चात देवराज इन्द्र उस मण्डली की गन्धमादन पर्वत पर स्थित कुबेर के महल में रहने की व्यवस्था कर वापस अपने लोक चले गये।

14

भीम और हनुमान

पांडवों को वन में रहते हुए काफी समय बीत गया था। एक दिन की बात है। मौसम बड़ा सुहावना था। ठंडी ठंडी हवा चल रही थी। हवा के साथ साथ किसी फूल की सुगन्ध भी वन में फैल रही थी। सुगन्ध इतनी मोहक और अद्‌भुत थी कि द्रौपदी ने तुरन्त पूछताछ की कि किस फूल की सुगन्ध है। जब उसको मालूम हुआ कि वह सुगन्ध एक बहुत दुर्लभ फूल की है तो उनका मन उस फूल को पाने के लिए मचल उठा। लेकिन उस फूल को लाये कौन ?

भीम के सिवाय इस काम को और कोई नहीं कर सकता था । उन्होंने भीम से फूल लाने की बात कही। भीम एक फूल के लिए अपना समय नहीं बर्बाद करना चाहते थे। उनको मालूम भी नहीं था कि फूल कहाँ उगता है। उन्होंने टालमटोल की। द्रौपदी को बहुत बुरा लगा। उसकी आँखों में आँसू आ गये। कहने लगी, “मैं कभी कुछ नहीं मांगती। एक जरा सी चीज मांगी, वह भी आपने लाने से मना कर दिया। अगर आपको सचमुच मुझसे प्रेम होता तो आप मेरी बात न टालते।” भीम द्रौपदी की आँखों में आँसू नहीं देख सके। उन्होंने फूल लाने का वचन दिया।

दूसरे ही दिन भीम दुर्लभ फूल की खोज में निकल पड़े। उन्होंने कई लोगों से उस फूल का अता-पता पूछा लेकिन कोई नहीं बता सका। भीम ने सोचा कि हवा की दिशा में ही चलना ठीक होगा, क्योंकि फूल की सुगन्ध हवा के साथ ही आयी थी।

चलते चलते भीम एक घने जंगल में पहुँच गये। जंगल इतना घना था कि चलने का रास्ता भी नहीं था। भीम अपनी विशाल गदा से पेड़ों को गिराते और चट्टानों को तोड़ते हुए आगे बड़े। इससे इतनी जोरों की आवाज हुई कि सभी जंगली जानवर डर के मारे जान बचाकर भाग निकले।

जंगल पार करने के बाद भीम एक सुन्दर बाग में पहुँचे। बाग में रंग-बिरंगे फूल खिले थे और फलों से लदे पेड़ खड़े थे। एक घने जंगल के बीच इतना सुन्दर बाग देखकर भीम चकित रह गये। बाग के बीचों बीच एक सड़क थी। भीम उस सड़क पर चलने लगे तो एकाएक उन्होंने क्या देखा कि रास्ते के ठीक बीचों बीच एक बन्दर लेटा पड़ा है। इस तरह से एक बन्दर का बीच रास्ते में लेटना भीम को बहुत अखरा। वह बोले, "ऐ बन्दर! तेरी इतनी हिम्मत कि मेरा रास्ता रोके? फौरन रास्ता छोड़ और उठकर किनारे हो जा।"

भीम की बात सुनकर भी बन्दर चुपचाप ऐसे पड़ा रहा जैसे उसने सुना ही न हो। "अरे ! तूने सुना नहीं ?" भीम चिल्लाये, "तुरन्त उठ जा, वरना मैं तेरी भुस भरी खोपड़ी तोड़ दूँगा।"

बन्दर ने धीरे से आँखें खोलकर भीम की ओर देखा और बोला, "मैं इतना बूढ़ा हो गया हूँ कि मुझमें उठने की ताकत ही नहीं रही। तुम मुझसे कहने के बजाय एक तरफ से घूमकर क्यों नहीं चले जाते ?"

भीम ने कहा, "अरे ओ बूढ़े बन्दर ! पता भी है तू किससे बातें कर रहा है ? तू ने भीम के बारे में सुना है, पांडवों में सबसे ताकतवर भीम के बारे में ? मैं ही भीम हूँ। मैं हमेशा सीधी सड़क चलता हूँ। मैं किसी को भी अपनी राह नहीं रोकने देता और न कभी हार मानता हूँ।"

इस पर बन्दर बोला, "मैं बहुत बूढ़ा हो गया हूँ और बीमार भी हूँ। फिर भी तुम्हारी डींग सुनकर मुझे हँसी आ रही है। तुम ने कहा कि तुम कभी हार नहीं मानते, लेकिन जब कौरवों ने तुम्हें, तुम्हारे अपने ही घर से निकाल भगाया तब तुम्हें क्या हो गया था, जो अब जंगल में जानवरों की तरह मारे मारे फिर रहे हो ?"

"बेवकूफी की बातें बन्द करो", भीम ने चिल्लाते हुए कहा, "पेड़ों पर इधर उधर छलांग लगाने वाला, तुझ जैसा मूर्ख बन्दर, भीम जैसे आदमी के बल को क्या जाने ? शायद तुम ने सुना नहीं कि भीम ने कैसी बड़ी बड़ी लड़ाईयों जीती हैं और कैसे बड़े बड़े राक्षसों का काम तमाम किया है?"

"तुम्हारा बल?" बन्दर ने मुंह चिढ़ाते हुए कहा, "जब दुशासन ने तुम्हारी पत्नी का अपमान किया था तब तुम्हारा बल कहाँ गया? उस समय तो तुम चुपचाप खड़े ताकते रहे। क्या तब तुम्हारी हिम्मत घास चरने चली थी ?"

भीम ने कहा, "अगर तुम्हारी जगह कोई बलवान आदमी मुझसे ऐसी बातें करता तो मैं उसे बता देता कि मैं कौन हूँ। यदि लोग सुनेंगे कि भीम ने एक छोटे बन्दर को मार डाला तो वे मुझ पर हंसेंगे।"

इस पर बन्दर बोला, "तुम्हारे जैसे बड़े आदमी को एक छोटे बन्दर से झगघ नहीं करना चाहिए। तुम मेरे ऊपर से मजे से जा सकते हो। और अगर तुम्हें इस तरह से जाना पसन्द नहीं, तो तुम मेरी पूँछ पकड़कर एक तरफ सरका दो, और चले जाओ। पर शायद तुम्हें मेरी भद्दी पूँछ छूना अच्छा न लगे, इसलिए तुम अपनी गदा से उसे सरका सकते हो।"

भीम ने पूछा, "यदि तुम्हारी पूंछ टूट जाये तो ?"

बन्दर ने जवाब दिया, "अगर तुम्हारी गदा टूट जाये तो ?"

भीम बहुत परेशान हो गये । उन्हें जाने की जल्दी थी, इसलिए उन्होंने सोचा कि बन्दर की पूँछ सरकाकर चले जाना ही ठीक होगा। वह अपनी विशाल गदा से उस की पूँछ को एक तरफ हटाने लगे । लेकिन हजार कोशिश करने पर भी पूंछ टस से मस नहीं हुई। भीम ने और जोर लगाया पर पूंछ जरा भी नहीं हिली। इस पर भीम ने अपना सारा जोर लगा दिया पर पूंछ बाल भर भी नहीं खिसकी। भीम ने चाहा कि गदा को पूंछ के नीचे से निकाल लें और दूसरी ओर से सरकाएं। लेकिन गदा बाहर निकल ही न सकी। वह बन्दर की पूंछ के नीचे बुरी तरह दब गयी थी। भीम ने उसे बाहर को खींचा।

एक बार, दस बार, सौ बार खींचा, पर गदा बाहर नहीं निकल सकी। वह खींचते खींचते थक कर चूर हो गये, गदा नहीं निकली। अब करें तो क्या ? अपनी गदा को वहाँ छोड़ भी नहीं सकते थे। उन्होंने बूढ़े बन्दर की ओर ताका। बन्दर शांति से पड़ा मुस्करा रहा था।

हैरान होकर भीम सोचने लगे कि मेरी इतनी बड़ी ताकत के सामने एक छोटा सा बन्दर टिका कैसे रहा ? जब लोग सुनेंगे कि भीम एक बन्दर से हार गया तो क्या कहेंगे? हो न हो, इस बन्दर के पास कोई जादुई ताकत है। या यह बन्दर के भेष में कोई दानव है जो मेरी ताकत को परखना चाहता है। भीम चीखकर बोले, "मूर्ख बन्दर तू है कौन? तू बन्दर हो ही नहीं सकता। किसी भी बन्दर में कभी इतनी ताकत नहीं होती। तू या तो कोई जादूगर है या कोई राक्षस। मैं तुझे अभी बताता हूँ किं तुझ जैसों से कैसे निबटा जाता है। फौरन सामने आ जा और हिम्मत हो तो मेरे साथ द्वन्द्व युद्ध कर।"

"मैं न तो राक्षस हूँ और न जादू ही जानता हूँ। मैं तो उस पुरुषोत्तम श्री राम का एक छोटा सा सेवक हूँ, जिस ने लंकापति रावण को मारा था।" ऐसा कहकर उस बूढ़े बन्दर ने हनुमान का विराट रूप धारण कर लिया।

यह सुनकर भीम चकित तो हुए पर साथ ही उन्हें हनुमान जी से भेंट होने की खुशी भी बहुत हुई। उन्होंने आगे बढ़कर हनुमान के चरण छुए और क्षमा माँगी। हनुमान ने भीम को प्यार से गले लगाया और कहा, "मैं बहुत दिनों से तुमसे मिलना चाहता था। मैंने जब तुम्हें दूर से आता देखा तो तुम्हें रोकने के लिए रास्ता घेर कर लेट गया। फिर उसके बाद जो कुछ हुआ वह तो सब मजाक था। मैं जानता हूँ कि तुम किसी जरुरी काम से जा रहे हो। तुम्हें वैसे ही देर हो गयी है। मैं तुम्हें अधिक देर रोकना नहीं चाहता। इसलिए तुम अब झटपट चल दो। वैसे यह तो बताओ कि तुम क्या करने जा रहे हो ?"

भीम ने हनुमान को अपनी यात्रा का उद्देश्य बताया। इस पर हनुमान बोले, "अरे, मैंने तो समझा था कि तुम किसी दैत्य को मारने या किसी युद्ध पर जा रहे हो ! तो, महापराक्रमी भीम अपनी पत्नी के लिये फूल लाने जा रहे हैं। वाह! कितने बड़े साहस का काम है। अच्छा जाओ, मैं अब और नहीं रोकूँगा। लेकिन क्या तुम जानते हो कि फूल कहाँ उगता है ?" हनुमान ने भीम को उस जगह का पता बता दिया, जहाँ वह अद्‌भुत सुगन्ध वाला फूल उगा था। यही नहीं, वहाँ तक पहुँचने का उपाय भी बताया।

हनुमान से विदा लेकर भीम आगे बड़े। जिस फूल की खोज में भीम जा रहे थे, वह दुर्लभ फूल एक बड़ी झील में उगा था जो कुबेर के बाग में था। झील में और भी बहुत से फूल थे। फूल इतने अनमोल थे कि कुबेर ने उनकी रक्षा के लिए एक सेना तैनात कर रखी थी। इस पर भी यदि कोई आदमी उस झील में घुस जाये तो उसे मारने के लिए झील में भयानक मगर रख गये थे।

चलते-चलते भीम कुबेर के बाग में पहुँचे। उनके पहुँचते ही बाग के रखवालों ने उनको ललकारा, और उन पर वार कर दिया। भीम इतने बलवान थे कि उन्होंने अपनी भारी गदा से मार-मार कर एक एक को भगा दिया। उसके बाद भीम झील पर पहुँचे। उन्हें देखते ही झील के मगरों ने झपटकर उन पर हमला किया। लेकिन भीम ने इतनी कुशलता से गदा चलाई कि मगर भी डर कर भाग गये। फिर वह झील के पानी में उतरे और ढेर सारे फूल तोड़कर किनारे आ गये। भीम के किनारे पर आते ही बाग के रक्षक बहुत से और सैनिकों को लेकर आ धमके, परन्तु भीम ने उन सब को भी मार भगाया।

इस प्रकार अनेक संकटों का सामना करके, दुर्लभ फूलों का गुच्छा लेकर, भीम द्रौपदी के पास वापस लौट आये। सारा महल और मीलों तक की धरती फूलों की सुगन्ध से महक उठी। फूलों को पाकर द्रौपदी फूली न समायीं।

इस प्रकार पांडवों के वनवास के बारह वर्ष पूरे होने वाले थे तो युधिष्ठिर को अज्ञातवास की चिन्ता हुई। युधिष्ठिर ने कहा कि मत्स्य देश बड़ा ही पवित्र देश है और वहाँ के राजा विराट के पास हमें अपना अज्ञातवास काटना चाहिए। इस प्रकार से सभी पांडव विराट के पास रहने की योजना बनाने लगे।

15

अज्ञातवास जाने के लिए भीम ने चिनाब नदी की धारा को रोका

चिनाब नदी का बहाव देश के दूसरे किसी भी नदी से कहीं ज्यादा तेज है। चिनाब नदी की पहचान ही तेज बहाव वाली नदी के तौर पर की जाती है।

जम्मू के अखनूर में चिनाब नदी के किनारे एक किला है। वैसे तो किला अब अपनी पहचान खो रहा है। लेकिन किले के अंदर एक दस्तावेज है। उस दस्तावेज में एक कहानी है। एक ऐसी कहानी जो पांच हजार साल पहले गुजरे एक महापुरुष को फिर से जिंदा करती है।

नदी के आसपास एक गुफा है। गुफा में एक छोटे बच्चे के पैर के निशान हैं। एक गाय के पैरों के निशान हैं। उस पैर के निशान के रहस्य भी पांडवों के अज्ञातवास से शुरु होती है। दर-ब-दर भटकने के बाद पांडव अज्ञातवास के लिए गुफा में आए थे। लेकिन जब पांडवों को पता चला कि अखनूर का यह इलाका राजा विराट के हैं।

पांचों पांडवों ने लगा कि अब छुपने का कोई और जरिया नहीं बचा है तो पाँचों वेष बदलकर राजा के यहाँ नौकरी मांगने गए। राजा विराट की विराट नजर उन्हें पहचान तो लेती हैं लेकिन राजा कुछ बोले नहीं। राजा विराट ने पांचों भाईयों को नौकरी पर रख लिए। महाबली भीम राजा के यहाँ रसोईया नियुक्त किए गए।

दिनभर काम करने के बाद शाम को भीम एक ऐसी जगह पर तपस्या करने जाते थे जिसके बारे में राज्य के किसी भी व्यक्ति को कोई पता नहीं होता था। खुद राजा भी नहीं जानते थे कि भीम कहाँ जाते हैं।

पांडवों के लिए अज्ञातवास का समय काटना था। नौकरी के दौरान तो कोई दिक्कत नहीं आ रही थी। लेकिन तपस्या के समय काफी कठिनाई होती थी। भीम उस कठिनाई को दूरकर सकते थे। अगर भीम की ताकत का राज खुल गया तो पूरी कहानी तब्दील हो जाएगी। अज्ञातवास की समय सीमा फिर बढ़ जाएगी।

समय गुजरता गया। भीम के दिन नौकरी और तपस्या के बीच गुजर रहे थे। लेकिन एक दिन बड़ी ही अजीब सी घटना हुई। चिनाब के किनारे एक जगह पर बैठकर भीम तपस्या में लीन थे। अचानक चिनाब का पानी तेज आवाज के साथ बहने लगता है। भीम की तपस्या में विघ्न पड़ रहा था। वो हर हाल में अपने गुस्से को शांत रखना चाहते थे। क्योंकि उन्हें पता था कि गुस्से में आकर अगर उन्होंने अपनी शक्ति का प्रदर्शन कर दिया तो राज खुल जाएगा। लिहाजा वो चिनाब से मिन्नत करते हुए कहे कि कम से कम उस वक्त वो शांत हो जाए जब वो तपस्या कर रहे होते हैं।

चिनाब भीम की बात नहीं अनदेखी कर देता है। भीम बार-बार उससे शांति होने की प्रार्थना की। लेकिन जितना भीम प्रार्थना करते चिनाब जलधारा उतनी ही उग्रता और वेग से बहने लगी। धीरे धीरे भीम का सब्र जवाब देता दिया। वो अपनी जगह से खड़े होकर इतनी तेज गरजे कि चेनाब का पानी बहना भूल गया। और चिनाब की लहरें शांत हो गई। जो कि आजतक उस जगह नदी का बहाव शांत है।

16

भीम द्वारा जीमूत पहलवान का वध

राजा विराट के पास रहते हुए तीन माह बीत गए। भीम रसोईघर में खुद पेट भरकर खाता तथा और कोई खाने आता तो रोटियाँ जला देता, दाल में अधिक नमक डालकर उसे खारी कर देता, इस तरह से सब उससे तंग आ गये। एक दिन जीमूत नाम का एक पहलवान भोजन करने आया। भीम ने उसे वैसा ही खाना दिया, कच्ची मोटी रोटी, दाल में नमक ज्यादा। जीमूत बोला - अरे रसोईया खाना बढिया बनाया कर। भीम ने कहा कि यहाँ तो ऐसा ही खाना बनेगा। तेरी मर्जी हो तो खा, नहीं तो मत खा।

जीमूत ने सोचा इसकी शिकायत राजा से करता हूँ और वह वहाँ से चल पड़ा। जीमूत ने अपने पैरों में एक बेल डाल रखी थी। जो भी कोई इस बेल को दबा देता उसे उसके साथ कुश्ती करनी पड़ती। भीमसेन ने सोचा आज कुश्ती करने का अच्छा मौका है क्यों न इसकी बेल दबादूँ , और भीम ने बेल पर पैर रख दिया। जीमूत बोला, "अरे रसोईया! बेल दबाने का मतलब जानता है तू? दुबारा ऐसा मत करना।" भीम ने कहा कि रसोई में आये तो बेल निकाल के आया कर। इस तरह से दोनों झगड़ने लगे और राजा के पास आये।

जीमूत कहने लगा, "हे राजन! आपका रसोईया बदतमीज है। खाना खराब बनाता है। और तो और इसने मेरे पाँव की बेल भी दाब ली। इसलिए तू मुझे सवा

रुपया भेंट दे दे क्योंकि इस बेचारे गरीब के साथ मैं क्या कुश्ती करुँगा ?" यह सुनकर भीम को गुस्सा आ गया। वह कहने लगा कि मैं अपने भाई के वचनों में बंधा हुआ हूँ नहीं तो तेरे को अभी मजा चखा देता। दोनों के बीच विवाद बढता देखकर विराट भूप ने कहा बल्लभ तू सवा रुपया ले और इसको देकर झगड़ा मिटा। क्योंकि पांडवों को पता लगेगा तो मेरे सर पर पाप चढेगा। युधिष्ठिर कहेगा कि मेरे रसोईये को विराट ने लड़वाकर मरा दिया।

बल्लभ(भीम) बोले, "हे राजा, अगर मैं इसके साथ कुश्ती नहीं करूँगा तो पांडवों की बदनामी होगी क्योंकि मैं भीम के साथ कुश्ती लड़ता था, परन्तु कंक ब्राह्मण कह दैंगे तो इसे भेंट दे दूँगा तथा कुश्ती नहीं करुँगा। युधिष्ठिर मन में सोच रहे थे कि भीम को लड़े बिन चौन नहीं पड़ेगा। आज नहीं तो कल इसे मार डालेगा। अतः वे विराट से बोले, "हे महिपाल ! ये बल्लभ बहुत हठीला है। मैं हस्तिनापुर में सदा से. इसको देखता आ रहा हूँ। अतः इन दोनों को कुश्ती लड़वा दीजिए।" राजा के स्वीकृति देने पर युधिष्ठिर ने कहा कि दोनों को खाने पीने के लिए एक महिने का समय दे दिया जाए। इतनी बात सुनकर जीमूत को पसीना आ गया क्योंकि वह भीम की ताकत जान गया था और अपनी इज्जत रखते हुए उससे कुश्ती करने से बचने की कोशिश कर रहा था। एक महीने में भीम खा खाकर और मोटा तगड़ा हो गया जबकि जीमूत मरने के डर से दिन प्रतिदिन कमजोर होने लगा।

एक माह बीत गया। कुश्ती देखने के लिए जनता की भीड़ लग गई। दोनों पहलवान(भीम व जीमूत) लंगोट कसकर अखाड़े मे आ गये और एक दूसरे भिड़ गये। भीम मुक्के तान तान कर जीमूत के मार रहे थे। घमासान मल्लयुद्ध होने लगा। भीम सोचने लगे अभी तक धर्मराज का इशारा नहीं मिला और उसने युधिष्ठिर की तरफ देखा। युधिष्ठिर भीम की उलझन समझ गये और जीमूत को मारने का इशारा किया।

युधिष्ठिर का इशारा मिलते ही भीम ने जीमूत को सिर पे उठा लिया तथा घुमाने लगा। सौ बार ऊपर घुमाने के बाद धम्म से भूमि पर पटक दिया। जीमूत के प्राण-पँखेरु उड़ गये। इसके बाद भीम ने अपना पैर जीमूत के एक पैर पर रखा और दूसरे को हाथों से पकड़ कर उसे दो भागों में चीर डाला। बल्लभ की बहादुरी देखकर राजा विराट ने उसकी खूब प्रशंसा की तथा ढोल नगाड़े बजवा दिये।

17

भीम द्वारा कीचक-वध

पाण्डवों को मत्स्य नरेश विराट की राजधानी में निवास करते हुये दस माह व्यतीत हो गये। सहसा एक-दिन राजा विराट का साला कीचक अपनी बहन सुदेष्णा से भेंट करने आया। जब उसकी दृष्टि सैरन्ध्री (द्रौपदी) पर पड़ी तो वह काम-पीड़ित हो उठा तथा सैरन्ध्री से एकान्त में मिलने के अवसर की ताक में रहने लगा। द्रौपदी भी उसकी कामुक दृष्टि को भाँप गई। द्रौपदी ने महाराज विराट एवं महारानी सुदेष्णा से कहा भी कि कीचक मुझ पर कुदृष्टि रखता है, मेरे पाँच गन्धर्व पति हैं, एक न एक दिन वे कीचक का वध कर देंगे। किन्तु उन दोनों ने द्रौपदी की बात की कोई परवाह न की।

लाचार होकर एक दिन द्रौपदी ने भीमसेन को कीचक की कुदृष्टि तथा कुविचार के विषय में बता दिया। द्रौपदी के वचन सुनकर भीमसेन बोले, "हे द्रौपदी! तुम उस दुष्ट कीचक को अर्द्धरात्रि में नृत्यशाला में मिलने का संदेश दे दो। नृत्यशाला में तुम्हारे स्थान पर मैं जाकर उसका वध कर दूँगा।"

सैरन्ध्री ने बल्लभ (भीमसेन) की योजना के अनुसार कीचक को रात्रि में नृत्यशाला में मिलने का संकेत दे दिया। द्रौपदी के इस संकेत से प्रसन्न कीचक जब रात्रि को नृत्यशाला में पहुँचाते वहाँ पर भीमसेन द्रौपदी की एक साड़ी से अपना शरीर और मुँह ढँक कर वहाँ लेटे हुये थे। उन्हें सैरन्ध्री समझकर कमोत्तेजित कीचक बोला, "हे प्रियतमे! मेरा सर्वस्व तुम पर न्यौछावर है। अब तुम उठो और मेरे साथ रमण करो।" कीचक के वचन सुनते ही भीमसेन उछलकर उठ खड़े हुये

और बोले, "रे पापी! तू सैरन्ध्री नहीं अपनी मृत्यु के समक्ष खड़ा है। ले अब परस्त्री पर कुदृष्टि डालने का फल चख।" इतना कहकर भीमसेन ने कीचक को लात और घूँसों से मारना आरम्भ कर दिया। जिस प्रकार प्रचण्ड आँधी वृक्षों को झकझोर डालती है उसी प्रकार भीमसेन कीचक को धक्के मार-मार कर सारी नृत्यशाला में घुमाने लगे।

अनेक बार उसे घुमा-घुमा कर पृथ्वी पर पटकने के बाद अपनी भुजाओं से उसके गर्दन को मरोड़कर उसे पशु की मौत मार डाला। इस प्रकार कीचक का वध कर देने के बाद भीमसेन ने उसके सभी अंगों को तोड़-मरोड़ कर उसे माँस का एक लोंदा बना दिया और द्रौपदी से बोले, "पांचाली! आकर देखो, मैंने इस काम के कीड़े की क्या दुर्गति कर दी है।" उसकी उस दुर्गति को देखकर द्रौपदी को अत्यन्त सन्तोष प्राप्त हुआ। फिर बल्लभ और सैरन्ध्री चुपचाप अपने-अपने स्थानों में जाकर सो गये।

प्रातःकाल जब कीचक के वध का समाचार सबको मिला तो महारानी सुदेष्णा, राजा विराट, कीचक के अन्य भाई आदि विलाप करने लगे। जब कीचक के शव को अन्त्येष्टि के लिये ले जाया जाने लगा तो द्रौपदी ने राजा विराट से कहा, "इसे मुझ पर कुदृष्टि रखने का फल मिल गया, अवश्य ही मेरे गन्धर्व पतियों ने इसकी यह दुर्दशा की है।" द्रौपदी के वचन सुनकर कीचक के भाईयों ने क्रोधित होकर कहा, "हमारे अत्यन्त बलवान भाई की मृत्यु इसी सैरन्ध्री के कारण हुई है अतः इसे भी कीचक की चिता के साथ जला देना चाहिये।" इतना कहकर उन्होंने द्रौपदी को जबरदस्ती कीचक की अर्थी के साथ बाँध के और श्मशान की ओर ले जाने लगे।

कंक, बल्लभ, वृहन्नला, तन्तिपाल तथा ग्रान्थिक के रूप में वहाँ उपस्थित पाण्डवों से द्रौपदी की यह दुर्दशा देखी नहीं जा रही थी किन्तु अज्ञातवास के कारण वे स्वयं को प्रकट भी नहीं कर सकते थे। इसलिये भीमसेन चुपके से परकोटे को लाँघकर श्मशान की ओर दौड़ पड़े और रास्ते में कीचड़ तथा मिट्टी का सारे अंगों पर लेप कर लिया। फिर एक विशाल वृक्ष को उखाड़कर कीचक के भाईयों पर टूट पड़े। उनमें से कितनों को ही भीमसेन ने मार डाला, जो शेष बचे वे अपना प्राण बचाकर भाग निकले। इसके बाद भीमसेन ने द्रौपदी को सान्त्वना देकर महल में भेज दिया और स्वयं नहा-धोकर दूसरे रास्ते से अपने स्थान में लौट आये। कीचक तथा उसके भाईयों का वध होते देखकर महाराज विराट सहित सभी लोग द्रौपदी से भयभीत रहने लगे।

भीमकुंडः जहाँ भीम ने कीचक का वध कर स्नान किया था

महाराष्ट्र के विदर्भ क्षेत्र में बसा अमरावती जिला जहाँ अपने प्राकृतिक व नैसर्गिक सौंदर्य के लिए प्रसिद्ध है वहीं यहाँ कई पौराणिक स्थल भी हैं जो महाभारत काल के हैं। सतपुड़ा पर्वत शृंखला से घिरी इन सुरम्य पहाडियों के मध्य कभी विराट नगर था जहाँ नदियों व वनों से आच्छादित क्षेत्र थे। आजकल यह क्षेत्र परतवाड़ा जिला कहलाता है। यहीं पर चिखलदरा नामक वन क्षेत्र हैं। पहाडियों से घिरे इस क्षेत्र में एक दक्षिण मार्ग की ओर रास्ता जाता है जो विशाल खड्ड के रूप में 'भीमकुंड' के नाम से जाना जाता है। यह अत्यन्त ही दर्शनीय स्थल है। यहाँ से तीन कि.मी. दूर गाविलगढ़ किला है जो कि पूर्णतया खंडहर है।

पौराणिक स्थल भीमकुंड पहाड़ों के मध्य स्थित है जो कि 3500 फुट गहरा है। इस गर्त में लाल रंग का पानी विद्यमान है जिसके बारे में कहा जाता है कि जब पांडव अज्ञातवास झेलते हुए विराट नगर पहुँचे तो वे राजा विराट के यहाँ विभिन्न रूप धारण कर नौकरों के रूप में कार्य करने लगे। पांचों पांडवों के साथ उनकी पत्नी द्रौपदी भी गई थी जो कि श्रृंगार करने का काम करती थी।

राजा विराट की रानी सुदेष्णा ने द्रौपदी के कार्य की सराहना करते हुए उसे अपने यहाँ रख लिया। पांडवों के दिन यहां सानंद बीतने लगे और राजा विराट भी उनका बराबर आदर-सम्मान करने लगे। उधर द्रौपदी का समय कष्ट से बीतता था चूंकि रानी का भाई कीचक प्रायः द्रौपदी को सताया करता था। एक दिन कीचक ने द्रौपदी के साथ ऐसा अनुचित व्यवहार किया कि उसने विवश होकर क्रोध से कीचक को महल में धक्का देकर फर्श पर गिरा दिया और भागती हुई राजसभा में जा पहुँची जहां सबके सामने कीचक ने द्रौपदी के बाल पकड़कर उसे लातों से मारकर गिरा दिया व वहां से भाग गया। उस समय भीम व युधिष्ठिर भी वहीं थे। लेकिन राजा विराट भी कीचक से डरते थे, अतः उन्होंने द्रौपदी से कहा- सैरिन्ध्री! तुम घर जाओ, मैं यथासमय इस घटना पर विचार करूंगा। यह सुन द्रौपदी रानी सुदेष्णा के पास रोती हुई चली गई।

जब आधी रात में द्रौपदी भीम के शयनकक्ष में गई और गुस्से में उन्हें जगाकर कहा- तुम सब राजसभा में देख रहे थे, तब भीम ने द्रौपदी को विश्वास दिलाते हुए कहा कि तुम कीचक से कहो कि वह तुम्हें रात में नृत्यशाला में मिले, मैं वहां छिपकर बैठूंगा और कीचक का काम तमाम कर दूंगा।

कीचक जब द्रौपदी का यह प्रणय निवेदन स्वीकार कर रात्रि में पूर्ण श्रृंगार के साथ नृत्यशाला में आया तो उसने चादर ओढ़े भीम का हाथ पकड़ लिया। मौका पाते

ही भीम ने कीचक के बाल पकड़ लात-घूसों से मार-मारकर उसके हाथ-पैर तोड़कर पेट में घुसेड़ दिये। बाद में भीम ने खून से सने अपने शरीर को पहाड़ों के मध्य पानी के विशाल कुंड में धोया तभी उसका पानी लाल रंग का है।

भीमकुंड के पास दक्षिण दिशा की ओर कई गहरे खड्ड हैं जो कि 155 फुट से लेकर 1500 फुट तक गहरे हैं। यहां के घनघोर जंगलों में बाघ भी रहते हैं। इस रमणीय व शांत क्षेत्र को देखने के लिए लोग दूर-दूर से आते हैं। ऊबड़-खाबड़ व पहाड़ी क्षेत्र होने की वजह से बहुत ही सावधानी बरतनी पड़ती है। चिकलदरा क्षेत्र से 10 कि.मी. की दूरी पर वैराट गांव है, जहां पर पर्यटक सूर्यास्त का नजारा देखते नजर आते हैं।

18

भीम पौत्र बर्बरीक

बर्बरीक महान पाण्डव भीम के पुत्र घटोत्कच और नाग कन्या अहिलावती के पुत्र थे। बाल्यकाल से ही वे बहुत वीर और महान यौद्धा थे। उन्होंने युद्ध कला अपनी माँ से सीखी। भगवान शिव की घोर तपस्या करके उन्हें प्रसन्न किया और तीन अभेद्य बाण प्राप्त किये और तीन बाणधारी का प्रसिद्ध नाम प्राप्त किया। अग्नि देव ने प्रसन्न होकर उन्हें धनुष प्रदान किया, जो कि उन्हें तीनो लोकों में विजयी बनाने में समर्थ था।

महाभारत का युद्ध कौरवों और पाण्डवों के मध्य अपरिहार्य हो गया था, यह समाचार बर्बरीक को प्राप्त हुये तो उनकी भी युद्ध में सम्मिलित होने की इच्छा जाग्रत हुई। जब वे अपनी माँ से आशीर्वाद प्राप्त करने पहुँचे तब माँ को हारे हुये पक्ष का साथ देने का वचन दिया। वे अपने नीले घोड़े, जिसका रंग नीला था, पर तीन बाण और धनुष के साथ कुरूक्षेत्र की रणभूमि की ओर अग्रसर हुये। सर्वव्यापी कृष्ण ने ब्राह्मण वेश धारण कर बर्बरीक से परिचित होने के लिये उसे रोका और यह जानकर उनकी हँसी भी उड़ायी कि वह मात्र तीन बाण से युद्ध में सम्मिलित होने आया है। ऐसा सुनने पर बर्बरीक ने उत्तर दिया कि मात्र एक बाण शत्रु सेना को ध्वस्त करने के लिये पर्याप्त है और ऐसा करने के बाद बाण वापिस तरकस में ही आयेगा। यदि तीनों बाणों को प्रयोग में लिया गया तो तीनों लोकों में हाहाकार मच जायेगा। इस पर कृष्ण ने उन्हें चुनौती दी की इस पीपल के पेड़ के सभी पत्रों को छेद कर दिखलाओ, जिसके नीचे दोनों खड़े थे। बर्बरीक ने चुनौती स्वीकार की और अपने

तूणीर से एक बाण निकाला और ईश्वर को स्मरण कर बाण पेड़ के पत्तों की ओर चलाया। तीर ने क्षण भर में पेड़ के सभी पत्तों को भेद दिया और कृष्ण के पैर के इर्द-गिर्द चक्कर लगाने लगा, क्योंकि एक पत्ता उन्होनें अपने पैर के नीचे छुपा लिया था, बर्बरीक ने कहा कि आप अपने पैर को हटा लीजिये नही तो ये आपके पैर को चोट पहुँचा देगा।

कृष्ण ने बालक बर्बरीक से पूछा कि वह युद्ध में किस ओर से सम्मिलित होगा तो बर्बरीक ने अपनी माँ को दिये वचन दोहराये कि वह युद्ध में उस ओर से भाग लेगा जो कि निर्बल हो और हार की ओर अग्रसर हो। कृष्ण जानते थे कि युद्ध में हार तो कौरवों की ही निश्चित है, और इस पर अगर बर्बरीक ने उनका साथ दिया तो परिणाम उनके पक्ष में ही होगा।

ब्राह्मण ने बालक से दान की अभिलाषा व्यक्त की, इस पर वीर बर्बरीक ने उन्हें वचन दिया कि अगर वो उनकी अभिलाषा पूर्ण करने में समर्थ होगा तो अवश्य करेगा। कृष्ण ने उनसे शीश का दान माँगा। बालक बर्बरीक क्षण भर के लिये चकरा गया, परन्तु उसने अपने वचन की दृढ़ता जतायी। बालक बर्बरीक ने ब्राह्मण से अपने वास्तविक रूप से अवगत कराने की प्रार्थना की और कृष्ण के बारे में सुनकर बालक ने उनके विराट रूप के दर्शन की अभिलाषा व्यक्त की, कृष्ण ने उन्हें अपना विराट रूप दिखाया। उन्होनें बर्बरीक को समझाया कि युद्ध आरम्भ होने से पहले युद्धभूमि की पूजा के लिये एक वीर्यवीर क्षत्रिय के शीश के दान की आवश्यकता होती है, उन्होनें बर्बरीक को युद्ध में सबसे वीर की उपाधि से अलंकृत किया, अतैव उनका शीश दान में माँगा। बर्बरीक ने उनसे प्रार्थना की कि वह अंत तक युद्ध देखना चाहता है, श्री कृष्ण ने उनकी यह बात स्वीकार कर ली। फाल्गुन माह की द्वादशी को उन्होनें अपने शीश का दान दिया। भगवान ने उस शीश को अमृत से सींच कर सबसे ऊँची जगह पर रख दिया, ताकि वह महाभारत युद्ध देख सके। उनका सिर युद्धभूमि के समीप ही एक पहाड़ी पर सुशोभित किया गया, जहां से बर्बरीक सम्पूर्ण युद्ध का जायजा ले सकते थे।

युद्ध की समाप्ति पर पांडवों में ही आपसी तनाव हुआ कि युद्ध में विजय का श्रेय किस को जाता है, इस पर कृष्ण ने उन्हें सुझाव दिया कि बर्बरीक का शीश सम्पूर्ण युद्ध का साक्षी है अतैव उससे बेहतर निर्णायक भला कौन हो सकता है। सभी इस बात से सहमत हो गये। बर्बरीक के शीश ने उत्तर दिया कि कृष्ण ही युद्ध मे विजय प्राप्त कराने में सबसे महान पात्र हैं, उनकी शिक्षा, उनकी उपस्थिति, उनकी युद्धनीति ही निर्णायक थी। उन्हें युद्धभूमि में सिर्फ उनका सुदर्शन चक्र घूमता हुआ

दिखायी दे रहा था जो कि शत्रु सेना को काट रहा था, महाकाली दुर्गा कृष्ण के आदेश पर शत्रु सेना के रक्त से भरे प्यालों का सेवन कर रही थीं।

कृष्ण वीर बर्बरीक के महान बलिदान से काफी प्रसन्न हुये और वरदान दिया कि कलियुग में तुम श्याम नाम से जाने जाओगे, क्योंकि कलियुग में हारे हुये का साथ देने वाला ही श्याम नाम धारण करने में समर्थ है। खाटूनगर तुम्हारा धाम बनेगा। उनका शीश खाटू में दफनाया गया। एक बार एक गाय उस स्थान पर आकर अपने स्तनों से दुग्ध की धारा स्वतः ही बहा रही थी, बाद में खुदायी के बाद वह शीश प्रकट हुआ, जिसे कुछ दिनों के लिये एक ब्राह्मण को सुपुर्द कर दिया गया। एक बार खाटू के राजा को स्वप्न में मन्दिर निर्माण के लिये और वह शीश मन्दिर में सुशोभित करने के लिये प्रेरित किया गया। तदन्तर उस स्थान पर मन्दिर का निर्माण किया गया और कार्तिक माह की एकादशी को शीश मन्दिर में सुशोभित किया गया, जिसे बाबा श्याम के जन्मदिन के रूप में मनाया जाता है। खाटू श्याम जी का मुख्य मंदिर राजस्थान के सीकर जिले के गांव खाटू में बना हुआ है।

19

पुत्र शोक

कृष्ण ने प्रस्ताव रखा कि भीम का पुत्र घटोत्कच राक्षसी स्वभाव का है। वह अँधेरे में भी भयंकर युद्ध कर सकता है। यदि वह कल रात के समय कौरवों पर आक्रमण करे तो कर्ण को उस पर अमोघ शक्ति चलानी होगी। घटोत्कच ने रात के अँधेरे में ही कौरवों पर हमला कर दिया। धूल से आकाश ढँक गया। वर्षा होने लगी, कंकड़-पत्थर आकाश से गिरने लगे। दुर्योधन घबराकर कर्ण के पास गया। दुर्योधन और कर्ण ने वीरता से उसका सामना किया और उससे युद्ध किया। अंततः जब यह लगने लगा कि उसी रात घटोत्कच सारी कौरव सेना का संहार कर देगा तो, दुर्योधन ने कर्ण से ये निवेदन किया कि वह किसी भी प्रकार से इस समस्या से छुटकारा दिलाए। कर्ण को विवश होकर अमोघ शक्ति अस्त्र चलाना पड़ा और घटोत्कच मारा गया, पर कर्ण को यह चिंता हुई कि अब उसके पास अर्जुन के वध के लिए कोई शक्ति नहीं रही। यह अस्त्र देवराज इंद्र द्वारा कर्ण को उसकी दानपरायणता के सम्मान स्वरूप दिया गया था (जब कर्ण ने अपने कवच-कुंडल इंद्र को दान दे दिए थे)। लेकिन कर्ण इस अस्त्र का प्रयोग केवल एक बार कर सकता था, जिसके बाद यह अस्त्र इंद्र के पास लौट जाएगा। इस प्रकार, शक्ति अस्त्र का प्रयोग घटोत्कच पर करने के बाद वह इसे बाद में अर्जुन पर ना कर सका।

रात के आक्रमण से कौरव बहुत क्रोधित थे। आज द्रोणाचार्य भी बहुत क्रोधित थे। उन्होंने हजारों पांडव-सैनिकों को मार डाला तथा युधिष्ठिर की रक्षा में खड़े द्रुपद तथा विराट दोनों को मार दिया। द्रोणाचार्य के इस रूप को देखकर कृष्ण भी चिंतित

हो उठे। उन्होंने सोचा कि पांडवों की विजय के लिए द्रोणाचार्य की मृत्यु आवश्यक है। द्रोण व अश्वथाम। की पिता-पुत्र की जोडी ने युद्ध के समय पाण्डव सेना को तितर-बितर कर दिया। पाण्डवों की सेना की हार देखकर श्रीकृष्ण ने युधिष्ठिर से कूट-नीति का सहारा लेने को कहा। इस योजना के तहत यह बात फैला दी गई कि अश्वत्थामा मारा गया। जब गुरु द्रोणाचार्य ने धर्मराज युधिष्ठिर से अश्वत्थामा की सत्यता जानना चाही तो उन्होने जवाब दिया- "अश्वत्थामा मारा गया परन्तु हाथी. ..।" श्रीकृष्ण ने उसी समय शंखनाद किया, जिसके शोर से गुरु द्रोणाचार्य आखरी शब्द नही सुन पाए। अपने प्रिय पुत्र की मौत का समाचार सुनकर द्रोण ने शस्त्र त्याग दिये, और युद्ध भूमि में आँखें बन्द कर शोक अवस्था मे बैठ गये। गुरु द्रोणाचार्य को निहत्था जानकर द्रोपदी के भाई धृष्टद्युम्न ने तलवार से द्रोणाचार्य का सिर काट डाला। द्रोणाचार्य के निधन से कौरवों में हाहाकार मच गया तथा अश्वत्थामा ने क्रोध में आकर भीषण युद्ध किया, जिसके सामने अर्जुन के अतिरिक्त और कोई न टिक सका। संध्या होने के कारण पन्द्रहवें दिन का युद्ध यहीं बन्द हो गया।

भीम ने युद्ध में कर्ण को क्यों नहीं मारा?

जब उन्होंने व्यूह में प्रवेश किया। तब उन्हें सामने ही अर्जुन जयद्रथ का वध करने के लिए युद्ध करते दिखाई दिए। यह देख उन्हें बहुत प्रसन्नता हुई उन्होंने जोर से सिंहनाद किया। उनके साथ ही अर्जुन और श्रीकृष्ण भी सिंहनाद करने लगे। जैसे ही उनका सिंहनाद युधिष्ठिर के कानों में पड़ा वे बहुत खुश हो गए। वे मन ही मन कहने लगे भीम तुमने खूब सुचना दी, तुमने अपने बड़े भाई की आज्ञा का पालन किया अब मेरा शोक दूर हो गया है। जो तुमसे द्वेश रखते हैं संग्राम में उनकी विजय कभी नहीं हो सकती अब आगे....

कर्ण ने जब कौरवों को मरते देखा तो वह बड़ा क्रोधित हुआ, उसे अपना जीवन भी भारी सा मालूम होने लगा। उसके देखते-देखते भीमसेन ने कौरव पुत्रों को मार डाला, इससे वह अपने को अपराधी समझने लगा। वह भीमसेन से युद्ध के लिए कूद पड़ा। इतने ही में भीमसेन ने पहले उसे पांच बाणों से और फिर सत्तर बाणों से घायल किया।

भीमसेन उसके सारथि और घोड़ों का भी काम तमाम कर दिया और धनुष काट डाला। अब महारथी कर्ण रथ से कूद पड़ा और एक गदा उठाकर उसे बड़े क्रोध से भरकर भीमसेन के ऊपर फेंका। भीमसेन सारी सेना के सामने उसे बीच में ही बाणों से रोक दिया। दोनों में भीषण युद्ध हुआ। भीमसेन के सारे अस्त्र समाप्त हो चुके

थे। इसलिए उनके हाथ में जो भी आया उन्होंने कर्ण के ऊपर फेंकना शुरु कर दिया। अब भीमसेन ने घूंसा तानकर उसी से कर्ण का काम तमाम करना चाहा। लेकिन फिर अर्जुन की प्रतिज्ञा याद आ जाने से उन्होंने समर्थ हो जाने पर भी, उसे मार डालने का विचार छोड़ दिया।

20

कौरवों का वध

दुशासन-वध

कर्ण का रथ अदृश्य होते ही भीम और भी तेज गति से कौरवों का संहार करने लगे। दुर्योधन ने दुशासन को भीम का सामना करने लिए भेजा। दोनों में भीषण संग्राम छिड़ गया। मौका देखकर भीम ने दुशासन के सिर पर गदा से प्रहार किया, उसके हाथ उखाड़ लिये तथा अपनी प्रतिज्ञा के अनुसार उसकी छाती फाड़कर उसका रक्त पीने लगे। इसी समय कर्ण की मूर्चूछा जागी। उन्होंने दुबारा युद्ध-क्षेत्र में प्रवेश किया और युधिष्ठिर को घायल कर दिया। उनका सारथी उनका रथ भगा ले गया। उधर अर्जुन संसप्तकों का संहार करके लौटे तो पता चला कि युधिष्ठिर रण-क्षेत्र छोड़कर चले गए हैं। अर्जुन उन्हें देखने शिविर में चले गए। युधिष्ठिर पीड़ा से तड़प रहे थे, उन्होंने अर्जुन को जली-कटी सुनाई। अर्जुन ने भी तलवार निकाल ली, पर कृष्ण ने दोनों को शांत किया।

दुर्योधन का वध

शकुनि की मृत्यु के बाद दुर्योधन अकेले गदा लेकर रण-क्षेत्र से बाहर पैदल ही निकल गया। वह दूर सरोवर में जाकर छिप गया। उसे छिपते हुए कुछ लोगों ने देख लिया। कृष्ण ने कहा कि बिना दुर्योधन का वध किए पूरी विजय नहीं मिल सकती। उसी समय गाँव से आने वाले लोगों ने बताया कि उस सरोवर में एक

मुकुटधारी व्यक्ति को छिपते हुए हमने देखा है। कृष्ण के कहने पर भीम ने दुर्योधन को अपशब्द कहकर ललकारा। दुर्योधन बाहर आ गया। उसी समय उसके गुरु बलराम उधर से आ निकले। कृष्ण ने दुर्योधन को युद्ध के लिए तैयार हो जाने को कहा। दुर्योधन ने कहा-मैं युद्ध के लिए तैयार हूँ, पर धर्म युद्ध होगा और मेरे गुरु बलराम निरीक्षक होंगे। भीम तथा दुर्योधन में गदा युद्ध छिड़ गया। कृष्ण ने अपनी जाँघ पर थपकी मारी जिससे भीम को दुर्योधन की जाँघ तोड़ने की अपनी प्रतिज्ञा याद आ गई। गदा युद्ध में कमर के नीचे प्रहार नहीं किया जाता। दुर्योधन की जाँघ की हड्डी टूट गई। गिरते ही भीम ने उसके सिर पर प्रहार किया। बलराम इस अन्याय युद्ध को देख क्रोधित होकर भीम को मारने दौड़े, पर कृष्ण ने उन्हें शांत कर दिया। पांडव वहाँ से चले गए तथा धृतराष्ट्र और गांधारी बिलख-बिलखकर रोने लगे।

धृतराष्ट्र का सिर्फ एक पुत्र जीवित बचा था युद्ध के बाद

जब कौरवों की पूरी सेना नष्ट हो गई, तब दुर्योधन एक सरोवर में जाकर छिप गया। उस समय कौरवों की ओर से सिर्फ अश्वत्थामा, कृपाचार्य व कृतवर्मा ही शेष बचे थे।

दुर्योधन के बारे में जानकर पांडवों ने उसे युद्ध के लिए ललकारा। भीम और दुर्योधन के बीच भयंकर युद्ध हुआ। अंत में भीम ने दुर्योधन का वधकर दिया। दुर्योधन के वध का प्रतिशोध लेने के लिए अश्वत्थामा ने द्रौपदी के पुत्रों तथा पांडव सेना का वधकर दिया।

पांडवों ने अश्वत्थामा का पीछा किया। बचने के लिए अश्वत्थामा ने ब्रह्मास्त्र चलाया, अर्जुन ने भी ब्रह्मास्त्र का प्रयोग किया। तब महर्षि वेदव्यास के कहने पर अर्जुन ने अपना अस्त्र लौटा लिया, लेकिन अश्वत्थामा ने अपने अस्त्र की दिशा बदलकर अभिमन्यु की पत्नी उत्तरा के गर्भ की ओर कर दी। तब श्रीकृष्ण ने अश्वत्थामा के मस्तक से मणि निकाल ली और उसे धरती पर भटकने का श्राप दिया।

युद्ध समाप्त होने के बाद धृतराष्ट्र का केवल एक पुत्र युयुत्सु ही जीवित बचा था, क्योंकि उसने पांडवों के पक्ष से युद्ध किया था। युयुत्सु मूल रूप से दासी पुत्र था। जिस समय गांधारी गर्भवती थी, उस समय धृतराष्ट्र की सेवा के लिए एक दासी नियुक्त की गई थी। युयुत्सु उसी का पुत्र था। युद्ध प्रारंभ होने से पहले ही वह पांडवों के पक्ष में चला गया था, जिसकी वजह से वह जीवित बच गया।

द्रौपदी के पुत्रों की हत्या

दुर्योधन के पराजित होते ही युद्ध में पाण्डवों की जीत पक्की हो गई थी सभी पाण्डव खेमे के लोग जीत की खुशी में मतवाले हो रहे थे। अपने राजा दुर्योधन की ऐसी दशा देखकर और अपने पिता द्रोणाचार्य की मृत्यु का स्मरण कर अश्वत्थामा अधीर हो गया। छुपकर वह पांडवों के शिविर में पहुँचा और घोर कालरात्रि में कृपाचार्य तथा कृतवर्मा की सहायता से पांडवों के बचे हुये वीर महारथियों को मार डाला। केवल यही नहीं, उसने पांडवों के पाँचों पुत्रों के सिर भी काट डाले। अश्वत्थामा के इस कुकर्म की सभी ने निंदा की यहाँ तक कि दुर्योधन तक को भी यह अच्छा नहीं लगा।

पुत्रों के हत्या से दुखी द्रौपदी विलाप करने लगी। उसके विलाप को सुनकर अर्जुन ने उस नीच कर्म हत्यारे ब्राह्मण के सिर को काट डालने की प्रतिज्ञा की। अर्जुन की प्रतिज्ञा सुन अश्वत्थामा भाग निकला। श्रीकृष्ण को सारथी बनाकर एवं अपना गाण्डीव धनुष लेकर अर्जुन ने उसका पीछा किया। अश्वत्थामा को कहीं भी सुरक्षा नहीं मिली तो भय के कारण उसने अर्जुन पर ब्रह्मास्त्र का प्रयोग कर दिया।

ब्रह्मास्त्र के तेज से अभिमन्यु की पत्नी उत्तरा का गर्भ जलने लगा तब भगवान श्री कृष्ण चन्द्र ने सूक्ष्म रूप से उत्तरा के गर्भ में प्रवेश किया। उनका वह ज्योतिर्मय सूक्ष्म शरीर अँगूठे के आकार का था। अत्तयंत सन्दर श्याम शरीर तेजोमय, पीताम्बर धारण किये हुये, सवर्णमुकुट से प्रकाशमान हो रहा था। वे चारों भुजाओं में शंख, चक्र, गदा, पद्‌म धारण किरो हुये थे। कानों गें कुण्डल तथा आँखें रक्तवर्ण थीं। हाथ में जलती हुई गदा लेकर उस गर्भ स्थित बालक के चारों ओर घुमाते थे। जिस प्रकार सूर्यदेव अन्धकार को हटा देते हैं उसी प्रकार वह गदा अश्वत्थामा के छोड़े हुये ब्रह्मास्त्र की अग्नि को शांत करती थी। गर्भ स्थित वह बालक उस ज्योतिर्मय शक्ति को अपने चारों ओर घूमते हुये देखता था।

अश्वत्थामा ब्रह्मास्त्र को चलाना तो जानता था पर उसे लौटाना नहीं जानता था। उस अति प्रचण्ड तेजोमय अग्नि को अपनी ओर आता देख अर्जुन ने श्रीकृष्ण से विनती की, "हे जनार्दन! आप ही इस त्रिगुणमयी सृष्टि को रचने वाले परमेश्वर हैं। सृष्टि के आदि और अंत में आप ही शेष रहते हैं। आप ही अपने भक्तजनों की रक्षा के लिये अवतार ग्रहण करते हैं। आप ही ब्रह्मास्वरूप हो रचना करते हैं, आप ही विष्णु स्वरूप हो पालन करते हैं और आप ही रुद्रस्वरूप हो संहार करते हैं। आप ही बताइये कि यह प्रचण्ड अग्नि मेरी ओर कहाँ से आ रही है और इससे मेरी रक्षा कैसे होगी?"

श्रीकृष्ण बोले, "है अर्जुन! तुम्हारे भय से व्याकुल होकर अश्वत्थामा ने यह ब्रह्मास्त्र तुम पर छोड़ा है। इस ब्रह्मास्त्र से तुम्हारे प्राण घोर संकट में है। वह अश्वत्थामा इसका प्रयोग तो जानता है किन्तु इसके निवारण से अनभिज्ञ है। इससे बचने के लिये तुम्हें भी अपने ब्रह्मास्त्र का प्रयोग करना होगा क्यों कि अन्य किसी अस्त्र से इसका निवारण नहीं हो सकता।"

श्रीकृष्ण की इस मंत्रणा को सुनकर महारथी अर्जुन ने भी तत्काल आचमन करके अपना ब्रह्मास्त्र छोड़ दिया। दोनों ब्रह्मास्त्र परस्पर भिड़ गये और प्रचण्ड अग्नि उत्पन्न होकर तीनों लोकों को तप्त करने लगी। उनकी लपटों से सारी प्रजा दग्ध होने लगी। इस विनाश को देखकर अर्जुन ने दोंनों ब्रह्मास्त्रों को लौटा कर शांतकर दिया और झपट कर अश्वत्थामा को पकड़ कर बाँध लिया। श्रीकृष्ण बोले, "हे अर्जुन! धर्मात्मा, सोये हुये, असावधान, मतवाले, पागल, अज्ञानी, रथहीन, स्त्री तथा बालक को मारना धर्म के अनुसार वर्जित है। इसने धर्म के विरुद्ध आचरण किया है, सोये हुये निरपराध बालकों की हत्या की है। जीवित रहेगा तो पुनः पाप करेगा। अतः तत्काल इसका वध करके और इसका कटा हुआ सिर द्रौपदी के सामने रख कर अपनी प्रतिज्ञा पूरी करो।"

श्रीकृष्ण के इन शब्दों को सुनने के बाद भी धीरवान अर्जुन को गुरुपुत्र पर दया ही आई और उन्होंने अश्वत्थामा को जीवित ही शिविर में ले जाकर द्रौपदी के सामने उपस्थित किया। पशु की तरह बँधे हुये गुरुपुत्र को देखकर ममतामयी द्रौपदी का कोमल हृदय पिघल गया। उसने गुरुपुत्र को नमस्कार किया और उसे बन्धनमुक्त करने के लिये अर्जुन से कहा, "हे आर्यपुत्र! ये गुरुपुत्र तथा ब्राह्मण हैं। ब्राह्मण सदा पूजनीय होता है और उसकी हत्या करना पाप है। आपने इनके पिता ही इन अपूर्व शस्त्रास्त्रों का ज्ञान प्राप्त किया है। पुत्र के रूप में आचार्य द्रोण ही आपके सम्मुख बन्दी रूप में खड़े हैं। इनका वध करने से इनकी माता कृपी मेरी तरह ही कातर होकर पुत्र शोक में विलाप करेगी। पुत्र से विशेष मोह होने के कारण ही वह द्रोणाचार्य के साथ सती नहीं हुई। कृपी की आत्मा निरन्तर मुझे कोसेगी। इनके वध करने से मेरे मृत पुत्र लौट कर तो नहीं आ सकते! अतः आप इन्हें मुक्त कर दीजिये।"

द्रौपदी के इन न्याय तथा धर्मयुक्त वचनों को सुनकर सभी ने उसकी प्रशंसा की किन्तु भीम का क्रोध शांत नहीं हुआ। इस पर श्रीकृष्ण ने कहा, "हे अर्जुन! शास्त्रों के अनुसार पतित ब्राह्मण का वध भी पाप है और आततायी को दण्ड न देना भी पाप है। अतः तुम वही करो जो उचित है।" उनकी बात को समझ कर अर्जुन ने अपनी

तलवार से अश्वत्थामा के सिर के केश काट डाले और उसके मस्तक की मणि निकाल ली। मणि निकल जाने से वह श्रीहीन हो गया। श्रीहीन तो वह उसी क्षण हो गया था जब उसने बालकों की हत्या की थी किन्तु केश मुंड जाने और मणि निकल जाने से वह और भी श्रीहीन हो गया और उसका सिर झुक गया। अर्जुन ने उसे उसी अपमानित अवस्था में शिविर से बाहर निकाल दिया।

भीम की गदा से बने कुंड बनने की किंबदन्ती

महाभारत की कथा के अनुसार एक झूठ के जाल में फंसाकर पाण्डवों ने छल से द्रोणाचार्य का वधकर दिया। इससे क्रोधित होकर द्रोणाचार्य के पुत्र अश्वत्थामा ने पाण्डवों से बदला लेने की ठान ली।

एक रात चुपके से अश्वत्थामा पाण्डवों के शिविर में प्रवेश कर गया। उसने देखा कि शिविर में पाँच लोग सोए हुए हैं, जिसे पाँचों पाण्डव मानकर अश्वत्थामा ने नींद में ही उनकी हत्या कर दी। असल में यह पाण्डवों के पुत्र थे।

पुत्रों की हत्या की सूचना पाकर पांचों पाण्डव क्रोधित हो गए। भीम अपनी गदा लेकर अश्वत्थामा का पीछा किया तो वह भागते-भागते अष्टभा क्षेत्र में पहुँच गया। अष्टभा क्षेत्र वर्तमान में गुजरात और महाराष्ट्र की सीमा के पास स्थित है।

ज्योतिषशास्त्र की पत्रिका ज्योति सागर के सितम्बर अंक में अष्टभा क्षेत्र के विषय में बताया गया है कि इस क्षेत्र में रहने वाले लोगों के अनुसार यहां पर भीम और अश्वत्थामा के बीच भयंकर गदा युद्ध हुआ था।

भीम के एक तीव्र प्रहार से अश्वत्थामा से हाथों से गदा छूट गया। इसके बाद जब भीम ने प्रहार किया तब अश्वत्थामा पीछ हट गया जिससे गदा भूमि से जा टकराई। गदा के प्रचंड प्रहार से एक गड्ढ़ा बन गया। इसमें भूमि से निकलकर पानी भरने लगा और यह कुण्ड बन गया।

इस कुण्ड में लोग श्रद्धा पूर्वक स्नान ध्यान करते हैं। कुंड के विषय में माना जाता है कि जब भी इसकी फोटो ली गई तस्वीर में कुंड नहीं दिखा। इस कुंड के पास ही एक और कुंड है जिसे अश्वत्थामा कुंड के नाम से जाना जाता है।

इस कुंड में यहाँ के निवासी तेल चढ़ाते हैं। इनकी मान्यता है कि सिर पर से मणि निकलने के बाद अश्वत्थामा के सिर पर घाव हो गया था। कुंड में तेल चढ़ाने से अश्वत्थामा के घाव को आराम मिलता है।

इस क्षेत्र के निवासियों का यह भी कहना है कि चिरंजीवी अश्वत्थामा आज भी इस क्षेत्र में निवास करते हैं और मार्ग में भटके हुए लोगों को राह दिखाते हैं।

युद्ध समाप्ति

अट्ठारहवें दिन दुर्योधन मारा गया और महाभारत युद्ध की समाप्ति हुई तो श्रीकृष्ण, अर्जुन को उसके रथ से नीचे उतर जाने के लिए कहते हैं। जब अर्जुन उतर जाता है तो वे उसे कुछ दूरी पर ले जाते हैं। तब वे हनुमानजी को रथ के ध्वज से उतर आने का संकेत करते हैं। जैसे ही श्री हनुमान उस रथ से उतरते हैं, अर्जुन के रथ के अश्व जीवित ही जल जाते हैं और रथ में विस्फोट हो जाता है। यह देखकर अर्जुन दहल उठता है। तब श्रीकृष्ण उसे बताते हैं कि पितामह भीष्म, गुरु द्रोण, कर्ण, और अश्वत्थामा के घातक अस्त्रों के कारण अर्जुन के रथ में यह विस्फोट हुआ है। यह अब तक इसलिए सुरक्षित था क्योंकि उस पर स्वयं उनकी कृपा थी और श्री हनुमान की शक्ति थी जो रथ अब तक इन विनाशकारी अस्त्रों के प्रभाव को सहन किए हुए था।

सारे पाण्डव अपने स्वजनों को जलदान करने के निमित्त धृतराष्ट्र तथा श्रीकृष्णचन्द्र को आगे कर के अपने वंश की सम्पूर्ण स्त्रियों के साथ गंगा तट पर गये। स्त्रियाँ कुररी की भाँति विलाप करती हुई गईं, उनके शोक से व्याकुल होकर धर्मराज युधिष्ठिर अति दुखी हुये। धृतराष्ट्र, गांधारी, कुन्ती और द्रौपदी सभी अपने पुत्रों, पौत्रों तथा स्वजनों के लिये शोक करने लगीं। उनके शोक के शमन के लिये श्रीकृष्ण ने धौम्य तथा वेदव्यास आदि मुनियों के साथ उन सब को अनेक प्रकार की युक्तियों से दृष्टांत देकर सन्त्वाना दी और समझाया कि यह संसार नाशवान है। जो जन्मा है उसकी मृत्यु निश्चित है, सभी काल के आधीन हैं, मृत्यु सब को खाती है, अतः मरे हुये लोगों के लिये शोक करना व्यर्थ है।

गांधारी ने पुत्रशोक से आकुल होकर श्रीकृष्ण को समस्त वंश सहित नष्ट होने का शाप दिया जिसे कृष्ण ने शीश झुकाकर स्वीकार कर लिया। यद्यपि व्यास तथा विदुर धृतराष्ट्र को पर्याप्त समझ चुके थे कि उनका पांडवों पर क्रोध अनावश्यक है। इस युद्ध के मूल में उनके प्रति अन्याय कृत्य ही था, अतः जनसंहार अवश्यभावी था तथापि युधिष्ठिर को गले लगाने के उपरांत धृतराष्ट्र अत्यंत क्रोध में भीम से मिलने के लिए आतुर हो उठे। श्रीकृष्ण उनकी मनोगत भावना जान गये, अतः उन्होंने भीम को पीछे हटा, उनके स्थान पर लोहे की आदमकद प्रतिमा धृतराष्ट्र के सम्मुख खड़ी कर दी। धृतराष्ट्र में दस हजार हाथियों का बल था। वे धर्म से विचलित हो भीम को मार डालना चाहते थे क्योंकि उसी ने अधिकांश कौरवों का हनन किया था। अतः लौह प्रतिमा को भीम समझकर उन्होंने उसे दोनों बाँहों में लपेटकर पीस डाला। प्रतिमा टूट गयी किंतु इस प्रक्रिया

में उनकी छाती पर चौट लगी तथा मुंह से खून बहने लगा, फिर भीम को मरा जान उसे याद कर रोने भी लगे।सब अवाक् देखते रह गये।

श्रीकृष्ण भी क्रोध से लाल-पीले हो उठे। वे बोले, "जैसे यम के पास कोई जीवत नहीं रहता, वैसे ही आपकी बाँहों में भी भीम भला कैसे जीवित रह सकता था? आपका उद्देश्य जानकर ही मैंने आपके बेटे की बनायी भीम की लौह-प्रतिमा आपके सम्मुख प्रस्तुत की थी। भीम के लिए विलाप मत कीजिये, वह जीवित हैं।" तदनंतर धृतराष्ट्र का क्रोध शांत हो गया तथा उन्होंने सब पांडवों को बारी-बारी से गले लगा लिया।

भीष्म का प्राण त्याग

अपने वंश के नाश से दुखी पाण्डव अपने समस्त बन्धु-बान्धवों तथा भगवान श्रीकृष्ण को साथ ले कर कुरुक्षेत्र में भीष्म पितामह के पास गये। भीष्म जी शर शैय्या पर पड़े हुये अपने अन्त समय की प्रतीक्षा कर रहे थे। भरतवंश शिरोमणि भीष्म जी के दर्शन के लिये उस समय नारद, धौम्य, पर्वतमुनि, वेदव्यास, वृहदस्व, भरद्वाज, वशिष्ठ, त्रित, इन्द्रमद, परशुराम, गृत्समद, असित, गौतम, अत्रि, सुदर्शन, काक्षीवान्, विश्वामित्र, शुकदेव, कश्यप, अंगिरा आदि सभी ब्रह्मर्षि, देवर्षि तथा राजर्षि अपने शिष्यों के साथ उपस्थित हुये। भीष्म पितामह ने भी उन सभी ब्रह्मर्षियों, देवर्षियों तथा राजर्षियों का धर्म, देश व काल के अनुसार यथेष्ठ सम्मान किया।

सारे पाण्डव विनम्र भाव से भीष्म पितामह के पास जाकर बैठे। उन्हें देख कर भीष्म के नेत्रों से प्रेमाश्रु छलक उठे। उन्होंने कहा, "हे धर्मावतारों! अत्यंत दुःख का विषय है कि आप लोगों को धर्म का आश्रय लेते हुये और भगवान श्रीकृष्ण की शरण में रहते हुये भी महान कष्ट सहने पड़े। बचपन में ही आपके पिता स्वर्गवासी हो गये, रानी कुन्ती ने बड़े कष्टों से आप लोगों को पाला। युवा होने पर दुर्योधन ने महान कष्ट दिया। परन्तु ये सारी घटनायें इन्हीं भगवान श्रीकृष्ण, जो अपने भक्तों को कष्ट में डाल कर उन्हें अपनी भक्ति देते हैं, की लीलाओं के कारण से ही हुये। जहाँ पर धर्मराज युधिष्ठिर, पवन पुत्र भीमसेन, गाण्डीवधारी अर्जुन और रक्षक के रूप में स्वयं भगवान श्रीकृष्ण हों फिर वहाँ विपत्तियाँ कैसे आ सकती हैं? किन्तु इन भगवान श्रीकृष्ण की लीलाओं को बड़े बड़े ब्रह्मज्ञानी भी नहीं जान सकते। विश्व की सम्पूर्ण घटनायें ईश्वराधीन हैं! अतः शोक और वेदना को त्याग कर निरीह प्रजा का पालन करो और सदा भगवान श्रीकृष्ण की शरण में रहो।

ये श्रीकृष्णचन्द्र सर्वशक्तिमान साक्षात् ईश्वर हैं, अपनी माया से हम सब को मोहित करके यदुवंश में अवतीर्ण हुये हैं। इस गूढ़ तत्व को भगवान शंकर, देवर्षि नारद

और भगवान कपिल ही जानते हैं। तुम लोग तो इन्हें मामा का पुत्र, अपना भाई और हितू ही मानते हो। तुमने इन्हें प्रेमपाश में बाँधकर अपना दूत, मन्त्री और यहाँ तक कि सारथी बना लिया है। इनसे अपने अतिथियों के चरण भी धुलवाये हैं। हे धर्मराज! ये समदर्शी होने पर भी अपने भक्तों पर विशेष कृपा करते हैं तभी यह मेरे अन्त समय में मुझे दर्शन देने कि लिये यहाँ पधारे हैं। जो भक्तजन भक्तिभाव से इनका स्मरण, कीर्तन करते हुये शरीर त्याग करते हैं, वे सम्पूर्ण कर्म बन्धनों से मुक्त हो जाते हैं। मेरी यही कामना है कि इन्हीं के दर्शन करते हुये मैं अपना शरीर त्याग कर दूँ।"

धर्मराज युधिष्ठिर ने शरशैय्या पर पड़े हुये भीष्म जी से सम्पूर्ण ब्रह्मर्षियों तथा देवर्षियों के सम्मुख धर्म के विषय में अनेक प्रश्न पूछे। तत्वज्ञानी एवं धर्मवेत्ता भीष्म जी ने वर्णाश्रम, राग-वैराग्य, निवृति-प्रवृति आदि के सम्बंध में अनेक रहस्यमय भेद समझाये तथा दानधर्म, राजधर्म, मोक्षधर्म, स्त्रीधर्म, भगवत्धर्म, द्विविध धर्म आदि के विषय में विस्तार से चर्चा की। धर्म, अर्थ, काम और मोक्ष की प्राप्ति के साधनों का भी उत्तम विधि से वर्णन किया। उसी काल में उत्तरायण सूर्य आ गये। अपनी मृत्यु का उत्तम समय जान कर भीष्म जी ने अपनी वाणी को संयम में कर के मन को सम्पूर्ण रागादि से हटा कर सच्चिदान्द भगवान श्रीकृष्ण में लगा दिया। भगवान श्रीकृष्ण ने उन्हें अपना चतुर्भुज रूप धारण कर के दर्शन दिये।

भीष्म जी ने श्रीकृष्ण की मोहिनी छवि पर अपने नेत्र एकटक लगा दिये और अपनी इन्द्रियों को रोककर भगवान की इस प्रकार स्तुति करने लगे - "मै अपने इस शुद्ध मन को देवकीनन्दन भगवान श्रीकृष्णचन्द्र के चरणों में अर्पण करता हूँ। जो भगवान अकर्मा होते हुये भी अपनी लीला विलास के लिये योगमाया द्वारा इस संसार की श्रृष्टि रच कर लीला करते हैं, जिनका श्यामवर्ण है, जिनका तेज करोड़ों सूर्यों के समान है, जो पीताम्बरधारी हैं तथा चारों भुजाओं में शंख, चक्र,गदा, पद्म कण्ठ में कौस्तुभ मणि और वक्षस्थल पर वनमाला धारण किये हुये हैं, ऐसे भगवान श्रीकृष्णचन्द्र के चरणों में मेरा मन समर्पित हो।"

इस तरह से भीष्म पितामह ने मन, वचन एवं कर्म से भगवान के आत्मरूप का ध्यान किया और उसी में अपने आप को लीन कर दिया। देवताओं ने आकाश से पुष्पवर्षा की और दुंदुभी बजाये। युधिष्ठिर ने उनके शव की अन्त्येष्टि क्रिया की।

युधिष्ठिर का राज्याभिषेक

यद्यपि पांडव इस युद्ध में विजयी हुए, पर उन्हें शांति न मिल सकी। चारों औरं उन्हें क्षोभ और निराशा दिखाई पड़ने लगी। श्रीकृष्ण ने शरशैय्या पर लेटे हुए भीष्म

पितामह से युधिष्ठर को उपदेश दिलवाया। युधिष्ठिर ने उनसे समस्त शान्तिदायक धर्म, राजधर्म (आपद्धर्म), मोक्ष धर्म तथा दानधर्म की बातें सुनीं। फिर हस्तिनापुर में राज्याभिषेक-उत्सव सम्पन्न करा कर वे द्वारका लौट गये। कुछ समय बाद धर्मराज युधिष्ठिर ने राजा मरुतका गड़ा हुआ धन लाकर अश्वमेघ यज्ञ किया और इस प्रकार वे भारत के चक्रवर्ती सम्राट् घोषित हुए। भगवान श्रीकृष्ण भी इस यज्ञ में सम्मिलित हुए और फिर द्वारका वापस चले गये। यह कृष्ण की अंतिम हस्तिनापुर यात्रा थी।

परीक्षित का जन्म

उस समय पाण्डव लोग एक महान यज्ञ की दीक्षा के निमित्त राजा मरुत का धन लेने के लिये उत्तर दिशा में गये हुये थे। उसी बीच उनकी अनुपस्थिति में तथा भगवान श्री कृष्णचन्द्र की उपस्थिति में दस मास पश्चात उत्तरा के गर्भ से एक बालक का जन्म हुआ। परन्तु बालक गर्भ से बाहर निकलते ही मृतवत् हो गया। बालक को मरा हुआ देखकर रनिवास में रुदन आरम्भ हो गया। शोक का समुद्र उमड़ पड़ा। कुरुवंश को पिण्डदान करने वाला केवल एक मात्र यही बालक उत्पन्न हुआ था सो वह भी न रहा। कुन्ती, द्रौपदी, सुभद्रा आदि सभी महान शोक सागर में डूब कर आँसू बहाने लगीं। उत्तरा के गर्भ से मृत बालक के जन्म का समाचार सुन कर भगवान श्रीकृष्णचन्द्र तुरन्त सात्यकि को साथ लेकर अन्तःपुर पहुँचे। वहाँ रनिवास में करुण क्रन्दन को सुनकर उनका हृदय भर आया। इतना करुण क्रन्दन युद्ध में मरे हुये पुत्रों के लिये कभी सुभद्रा और द्रौपदी ने नहीं किया था जितना उस नवजात शिशु की मृत्यु पर कर रही थीं। भगवान श्रीकृष्णचन्द्र को देखते ही वे उनके चरणों में गिर पड़ीं और विलाप करते हुये बोलीं, "हे जनार्दन! तुमने यह प्रतिज्ञा की थी कि यह बालक इस ब्रह्मास्त्र से मृत्यु को प्राप्त न होगा तथा साठ वर्ष तक जीवित रहकर धर्म का राज्य करेगा। किन्तु यह बालक तो मृतावस्था में पड़ा हुआ है। यह तुम्हारे पौत्र अभिमन्यु का बालक है। हे अरिसूदन! इस बालक को अपनी अमृत भरी दृष्टि से जीवन दान दो।"

भगवान श्रीकृष्णचन्द्र सबको सान्त्वना देकर तत्काल प्रसूतिगृह में गये और वहाँ के प्रबन्ध का अवलोकन किया। चारों ओर जल के घट रखे थे, अग्नि भी जल रही थी, घी की आहुति दी जा रही थी, श्वेत पुष्प एवं सरसों बिखरे थे और चमकते हुये अस्त्र भी रखे हुये थे। इस विधि से यज्ञ, राक्षस एवं अन्य व्याधियों से प्रसूतिगृह को सुरक्षित रखा गया था। उत्तरा पुत्रशोक के कारण मूर्छित हो गई थी। उसी समय द्रौपदी आदि रानियाँ वहाँ आकर कहने लगीं, "हे कल्याणी! तुम्हारे

सामने जगत के जीवन दाता साक्षात् भगवान श्रीकृष्णचन्द्र, तुम्हारे श्वसुर खड़े हैं। चेतन हो जाओ।"

भगवान श्रीकृष्णचन्द्र ने कहा, "बेटी! शोक न करो। तुम्हारा यह पुत्र अभी जीवित होता है। मैंने जीवन में कभी झूठ नहीं बोला है। सबके सामने मेंने प्रतिज्ञा की है वह अवश्य पूर्ण होगी। मैंने तुम्हारे इस बालक की रक्षा गर्भ में की है तो भला अब कैसे मरने दूँगा।" इतना कहकर भगवान श्रीकृष्णचन्द्र ने उस बालक पर अपनी अमृतमयी दृष्टि डाली और बोले - "यदि मैंने कभी झूठ नहीं बोला है, सदा ब्रह्मचर्य व्रत का नियम से पालन किया है, युद्ध में कभी पीठ नहीं दिखाई है, मैंने कभी भूल से भी अधर्म नहीं किया है तो अभिमन्यु का यह मृत बालक जीवित हो जाये।" उनके इतना कहते ही वह बालक हाथ पैर हिलाते हुये रुदन करने लगा। भगवान श्रीकृष्णचन्द्र ने अपने सत्य और धर्म के बल से ब्रह्मास्त्र को पीछे लौटाकर ब्रह्मलोक में भेज दिया। उनके इस अद्भुत कर्म बालक को जीवित देखकर अन्तःपुर की सारी स्त्रियाँ आश्चर्यचकित रह गईं और उनकी वन्दना करने लगीं। भगवान श्रीकृष्णचन्द्र ने उस बालक का नाम परीक्षित रखा क्योंकि वह कुरुकुल के परिक्षीण (नाश) होने पर उत्पन्न हुआ था।

जब धर्मराज युधिष्ठिर लौटकर आये और पुत्र जन्म का समाचार सुना तो वे अति प्रसन्न हुये और उन्होंने असंख्य गौ, गाँव, हाथी, घोड़े, अन्न आदि ब्राह्मणों को दान दिये। उत्तम ज्योतिषियों को बुलाकर बालक के भविष्य के विषय में प्रश्न पूछे। ज्योतिषियों ने बताया कि वह बालक अति प्रतापी, यशस्वी तथा इच्क्ष्वाकु समान प्रजापालक, दानी, धर्मी, पराक्रमी और भगवान श्रीकृष्णचन्द्र का भक्त होगा। एक ऋषि के शाप से तक्षक द्वारा मृत्यु से पहले संसार के माया मोह को त्याग कर गंगा के तट पर श्री शुकदेव जी से आत्मज्ञान प्राप्त करेगा। धर्मराज युधिष्ठिर ज्योतिषियों के द्वारा बताये गये भविष्यफल को सुन कर प्रसन्न हुये और उन्हें यथोचित दक्षिणा देकर विदा किया। वह बालक शुक्लपक्ष के चन्द्रमा के समान दिन प्रतिदिन बढ़ने लगा।

21

स्वर्ग-गमन

पांडवों ने विजयी होने के उपरांत धृतराष्ट्र तथा गांधारी की पूर्ण तन्मयता से सेवा की। पांडवों में से भीमसेन ऐसे थे जो सबकी चोरी से धृतराष्ट्र को अप्रिय लगने वाले काम करते रहते थे, कभी-कभी सेवकों से भी धृष्टतापूर्ण मंत्रणाएँ करवाते थे। धृतराष्ट्र धीरे-धीरे दो दिन या चार दिन में एक बार भोजन करने लगे। पंद्रह वर्ष बाद उन्हें इतना वैराग्य हुआ कि वे वन जाने के लिए छटपटाने लगे। वे और गांधारी युधिष्ठिर तथा व्यास मुनि से आज्ञा लेकर वन में चले गये। चलते समय जयद्रथ तथा पुत्रों का श्राद्ध करने के लिए वे धन लेना चाहते थे। भीम देना नहीं चाहता था तथापि युधिष्ठिर आदि भीमेतर पांडवों ने उन्हें दान-दक्षिणा के लिए यथेच्छ धन ले लेने के लिए कहा। धृतराष्ट्र और गांधारी ने वन के लिए प्रस्थान किया तो कुंती भी उनके साथ हो ली। पांडवों के कितनी ही प्रकार के अनुरोध को टालकर उसने गांधारी का हाथ पकड़ लिया। कुंती ने पांडवों से कहा कि वह अपने पति के युग में पर्याप्त भोग कर चुकी है, वन में जाकर तप करना ही उसके लिए श्रेयस्कर है। पांडवों को चाहिए कि वे उदारता तथा धर्म के साथ राज्य का पालन करें।

वे तीनों कुरुक्षेत्र स्थित महर्षि शतयूप के आश्रम में पहुँचे। शतयूप केकय का राज्य-सिंहासन अपने पुत्र को सौपंकर वन में रहने लगे थे। तदनंतर व्यास से वनवास की दीक्षा लेकर धृतराष्ट्र आदि शतयूप के आश्रम में रहने लगे। घूमते हुए नारद उस आश्रम में पहुँचे। उन्होंने बताया कि इंद्रलोक की चर्चा थी कि धृतराष्ट्र के जीवन के तीन वर्ष शेष रह गये हैं। तदुपरांत वे कुबेर के लोक में जायेगें।

सपरिवार पांडव उनके दर्शन करने वन में पहुँचे। वे लोग धृतराष्ट्र के आश्रम पर एक मास तक रहें इसी मध्य विदुर ने शरीर त्याग दिया तथा एक रात व्यास मुनि सबको गंगा के तट पर ले गये। गंगा में प्रवेश कर उन्होंने महाभारत के समस्त मृत सैनिकों का आवाहन किया। उन सबके दर्शन करने के लिए व्यास ने धृतराष्ट्र को दिव्य नेत्र प्रदान किये। जो नारियाँ अपने मृत पति का लोक प्राप्त करना चाहती थीं, उन्होंने गंगा में गोता लगाया तथा वे शरीर त्याग उनके साथ ही चली गयीं। प्रातःकाल से पूर्व ही आहूत वीर अंतर्धान हो गये।

पांडवों के लौटने के उपरांत धृतराष्ट्र आदि हरिद्वार चले गये। धृतराष्ट्र मुँह में पत्थर का टुकड़ा रखकर केवल वायु का आहार करने लगे, गांधारी मात्र जल लेती थी, कुंती माह में एक बार और संजय दो दिन बाद तीसरे दिन एक बार भोजन करते थे। एक दिन वे चारों गंगा में स्नान करके चुके थे कि चारों ओर वन में दावाग्नि का प्रकोप फैल गया। धृतराष्ट्र ने संजय को वहाँ से भाग जाने का आदेश दिया तथा स्वयं गांधारी तथा कुंती के साथ पूर्वाभिमुख होकर बैठ गये। वे तीनों योगयुक्त होकर अग्नि में भस्म हो गये। संजय तापसों को इस दुर्घटना का समाचार देकर हिमालय की ओर चले गये। पांडवों ने उनकी हड्डियाँ चुनकर नदी में प्रवाहित की तथा उनका श्राद्ध किया।

भीम का अपने भाईयोंके साथ स्वर्ग गमन

श्रीकृष्णचन्द्र से मिलने के लिये तथा भविष्य का कार्यक्रम निश्चित करने के लिये अर्जुन द्वारिकापुरी गये थे। जब उन्हें गये कई महीने व्यतीत हो गये तब एक दिन धर्मराज युधिष्ठिर को विशेष चिन्ता हुई। वे भीमसेन से बोलेद्द "हे भीमसेन! द्वारिका का समाचार लेकर भाई अर्जुन अभी तक नहीं लौटे। और इधर काल की गति देखो, सम्पूर्ण भूतों में उत्पात होने लगे हैं। नित्य अपशकुन होते हैं। आकाश में उल्कापात होने लगे हैं और पृथ्वी में भूकम्प आने लगे हैं। सूर्य का प्रकाश मध्यम सा हो गया है और चन्द्रमा के इर्द गिर्द बारम्बार मण्डल बैठते हैं। आकाश के नक्षत्र एवं तारे परस्पर टकरा कर गिर रहे हैं। पृथ्वी पर बारम्बार बिजली गिरती है। बड़े बड़े बवण्डर उठकर अन्धकारमय भयंकर आंधी उत्पन्न करते हैं। सियारिन सूर्योदय के सम्मुख मुँह करके चिल्ला रही हैं। कुत्ते बिलाव बारम्बार रोते हैं। गधे, उल्लू, कौवे और कबूतर रात को कठोर शब्द करते हैं। गौएँ निरंतर आँसू बहाती हैं। घृत में अग्नि प्रज्जवलित करने की शक्ति नहीं रह गई है। सर्वत्र श्रीहीनता प्रतीत होती है। इन सब बातों को देखकर मेरा हृदय धड़क रहा है। न जाने ये अपशकुन किस विपत्ति

की सूचना दे रहे हैं। क्या भगवान श्रीकृष्णचन्द्र इस लोक को छोड़कर चले गये या अन्य कोई दुःखदाई घटना होने वाली है?"

उसी क्षण आतुर अवस्था में अर्जुन द्वारिका से वापस आये। उनके नेत्रों से अश्रु बह रहे थे, शरीर कान्तिहीन था और गर्दन झुकी हुई थी। वे आते ही धर्मराज युधिष्ठिर के चरणों में गिर पड़े। तब युधिष्ठिर ने घबरा कर पूछा "हे अर्जुन! द्वारिकापुरी में हमारे सम्बंधी और बन्धु-बान्धव यादव लोग तो प्रसन्न हैं न? हमारे नाना शूरसेन तथा छोटे मामा वसुदेव तो कुशल से हैं न? हमारी मामी देवकी अपनी सातों बहनों तथा पुत्र-पौत्रादि सहित प्रसन्न तो हैं न? राजा उग्रसेन और उनके छोटे भाई देवक तो कुशल से हैं न? प्रद्युम्न, अनिरुद्ध, साम्ब, ऋषभ आदि तो प्रसन्न हैं न? हमारे स्वामी भगवान श्रीकृष्णचन्द्र उद्धव आदि अपने सेवकों सहित कुशल से तो हैं न? वे अपनी सुधर्मा सभा में नित्य आते हैं न? सत्यभामा, रुक्मिणी, जाम्वन्ती आदि उनकी सोलह सहस्त्र एक सौ आठ पटरानियाँ तो नित्य ठनकी सेवा में लीन रहती हैं न? हे भाई अर्जुन! तुम्हारी कान्ति क्षीण क्यों हो रही है और तुम श्री हीन क्यों हो रहे हो?"

धर्मराज युधिष्ठिर के प्रश्नों के बौछार से अर्जुन और भी व्याकुल एवं शोकाकुल हो गये, उनका रंग फीका पड़ गया, नेत्रों से अविरल अश्रुधारा बहने लगी, हिचकियाँ बँध गईं, रुँधे कण्ठ से उन्होंने कहा "हे भ्राता! हमारे प्रियतम भगवान श्रीकृष्णचन्द्र ने हमें ठग लिया, वे हमें त्याग कर इस लोक से चले गये। जिनकी कृपा से मेरे परम पराक्रम के सामने देवता भी सिर नहीं उठाते थे मेरे उस परम पराक्रम को भी वे अपने साथ ले गये, प्राणहीन मुर्दे जैसी गति हो गई मेरी। मैं द्वारिका से भगवान श्रीकृष्णचन्द्र की पत्नियों को हस्तिनापुर ला रहा था किन्तु मार्ग में थोड़े से भीलों ने मुझे एक निर्बल की भाँति परास्त कर दिया। मैं उन अबलाओं की रक्षा नहीं कर सका। मेरी वे ही भुजाएँ हैं, वही रथ है, वही घोड़े हैं, वही गाण्डीव धनुष है और वही बाण हैं जिनसे मैंने बड़े बड़े महारथियों के सिर बात की बात में उड़ा दिये थे। जिस अर्जुन ने कभी अपने जीवन में शत्रुओं से मुँह की नहीं खाई थी वही अर्जुन आज कायरों की भाँति भीलों से पराजित हो गया। उनकी सम्पूर्ण पत्नियों तथा धन आदि को भील लोग लूट ले गये और मैं निहत्थे की भाँति खड़ा देखता रह गया। उन भगवान श्रीकृष्णचन्द्र के बिना मेरी सम्पूर्ण शक्ति क्षीण हो गई है।"

"आपने जो द्वारिका में जिन यादवों की कुशल पूछी है, वे समस्त यादव ब्राह्मणों के श्राप से दुर्बुद्धि अवस्था को प्राप्त हो गये थे और वे अति मदिरा पान कर के परस्पर एक दूसरे को मारते मारते मृत्यु को प्राप्त हो गये। यह सब उन्हीं भगवान श्रीकृष्णचन्द्र की लीला है।"

अर्जुन के मुख से भगवान श्रीकृष्णचन्द्र के स्वधाम गमन और सम्पूर्ण यदुवंशियों के नाश का समाचार सुनकर धर्मराज युधिष्ठिर ने तुरन्त अपना कर्तव्य निश्चित कर लिया और अर्जुन से बोले "हे अर्जुन! भगवान श्रीकृष्णचन्द्र ने अपने इस लौकिक शरीर से इस पृथ्वी का भार उतारकर उसे इस प्रकार त्याग दिया जिस प्रकार कोई काँटे से काँटा निकालने के पश्चात उन कोनों काँटों को त्याग देता है। अब घोर कलियुग भी आने वाला है। अतः अब शीघ्र ही हम लोगों को स्वर्गारोहण करना चाहिये।"

जब माता कुन्ती ने भगवान श्रीकृष्णचन्द्र के स्वधाम गमन का समाचार सुना तो उन्होंने भगवान श्रीकृष्णचन्द्र में अपना ध्यान लगाकर शरीर त्याग दिया।

धर्मराज युधिष्ठिर ने अपने महापराक्रमी पौत्र परीक्षित को सम्पूर्ण जम्बूद्वीप का राज्य देकर हस्तिनापुर में उसका राज्याभिषेक किया और शूरसेन देश का राजा बनाकर मथुरापुरी में अनिरुद्ध के पुत्र बज्र का राजतिलक किया। तत्पश्चात् परमज्ञानी युधिष्ठिर ने प्रजापति यज्ञ किया और भगवान श्रीकृष्णचन्द्र में लीन होकर सन्यास ले लिया। उन्होंने मान, अपमान, अहंकार तथा मोह को त्याग दिया और मन तथा वाणी को वश में कर लिया। सम्पूर्ण विश्व उन्हें ब्रह्म रूप दृष्टिगोचर होने लगा। उन्होंने अपने केश खोल दिये, राजसी वस्त्राभूषण त्याग कर चीर वस्त्र धारण करके और अन्न जल का परित्याग करके मौनव्रत धारण कर लिया। इतना करने के बाद बिना किसी की ओर दृष्टि किये घर से बाहर उत्तर दिशा की ओर चल दिये। राजा संसार की अनित्यता का विचार करके द्रौपदी तथा भाईयों को साथ ले हिमालय की तरफ महाप्रस्थान के पथ पर अग्रसर हुए। उस महापथ में क्रमशः द्रौपदी, सहदेव, नकुल, अर्जुन और भीमसेन एक-एक करके गिर पड़े। इससे राजा शोकमग्न हो गये। तदनन्तर वे इन्द्र के द्वारा लाये हुए रथ पर आरूढ़ हो (दिव्य रूप धारी) भाईयों सहित स्वर्ग को चले गये। वहाँ उन्होंने दुर्योधन आदि सभी धृतराष्ट्रपुत्रों को देखा। तदनन्तर (उन पर कृपा करने के लिये अपने धाम से पधारे हुए) भगवान् वासुदेव के भी दर्शन किए, इससे उन्हें बड़ी प्रसन्नता हुईं। यह मैंने तुम्हें महाभारत का प्रसंग सुनाया है। जो इसका पाठ करेगा, वह स्वर्गलोक में सम्मानित होगा।

22

बलराम से गदायुद्ध की शिक्षा

पांचरात्र शास्त्रों के अनुसार बलराम (बलभद्र) भगवान वासुदेव के ब्यूह या स्वरूप हैं। उनका कृष्ण के अग्रज और शेष का अवतार होना ब्राह्मण धर्म को अभिमत है। जैनों के मत में उनका संबंध तीर्थकर नेमिनाथ से है। बलराम या संकर्षण का पूजन बहुत पहले से चला आ रहा था, पर इनकी सर्वप्राचीन मूर्तियाँ मथुरा और ग्वालियर के क्षेत्र से प्राप्त हुई हैं। ये शुंगकालीन हैं। कुषाणकालीन बलराम की मूर्तियों में कुछ व्यूह मूर्तियाँ अर्थात् विष्णु के समान चतुर्भुज प्रतिमाएं हैं और कुछ उनके शेष से संबंधित होने की पृष्ठभूमि पर बनाई गई हैं। ऐसी मूर्तियों में वे द्विभुज हैं और उनका मस्तक मंगलचिह्नों से शोभित सर्पफणों से अलंकृत हैं। बलराम का दाहिना हाथ अभयमुद्रा में उठा हुआ है और बाएँ में मदिरा का चषक है। बहुधा मूर्तियों के पीछे की ओर सर्प का आभोग दिखलाया गया है। कुषाण काल के मध्य में ही व्यूहमूर्तियों का और अवतारमूर्तियों का भेद समाप्तप्राय हो गया था, परिणामतः बलराम की ऐसी मूर्तियाँ भी बनने लगीं जिनमें नागफणाओं के साथ ही उन्हें हल मूसल से युक्त दिखलाया जाने लगा। गुप्तकाल में बलराम की मूर्तियों में विशेष परिवर्तन नहीं हुआ। उनके द्विभुज और चतुर्भुज दोनों रूप चलते थे।

कभी-कभी उनका एक ही कुंडल पहने रहना बृहत्संहिता से अनुमोदित था। स्वतंत्र रूप के अतिरिक्त बलराम तीर्थंकर नेमिनाथ के साथ, देवी एकानंशा के साथ, कभी दशावतारों की पंक्ति में दिखलाई पड़ते हैं।

कुषाण और गुप्तकाल की कुछ मूर्तियों में बलराम को सिंहशीर्ष से युक्त हल पकड़े हुए अथवा सिंहकुंडल पहिने हुए दिखलाया गया है। इनका सिंह से संबंध कदाचित् जैन परंपरा पर आधारित है।

मध्यकाल में पहुँचते-पहुँचते ब्रज क्षेत्र के अतिरिक्त - जहाँ कुषाणकालीन मदिरा पीने वाले द्विभुज बलराम मूर्तियों की परंपरा ही चलती रही - बलराम की प्रतिमा का स्वरूप बहुत कुछ स्थिर हो गया। हल, मूसल तथा मद्यपात्र धारण करनेवाले सर्पफणाओं से सुशोभित बलदेव बहुधा समपद स्थिति में अथवा कभी एक घुटने को किंचित झुकाकर खड़े दिखलाई पड़ते हैं। कभी-कभी रेवती भी साथ में रहती हैं।